Tastenkombinationen

Verlag:
BILDNER Verlag GmbH
Bahnhofstraße 8
94032 Passau

http://www.bildner-verlag.de
info@bildner-verlag.de

Tel.: +49 851-6700
Fax: +49 851-6624

ISBN: 978-3-8328-0170-0

Covergestaltung: Christian Dadlhuber

Lektorat und Satz: Anja Schmid

Autorin: Marion Fischl

Herausgeber: Christian Bildner

Bildnachweis Cover: @danilkorolev - fotolia.com

Vorwort

Computer und Internet sind aus den heutigen Alltag nicht mehr weg-
zudenken. Um diese Technik sinnvoll zu nutzen, reicht es nicht die
einzelnen Anwendungen zu kennen, sondern diese auch schnell und
sicher zu bedienen. Dabei helfen Ihnen Tastenkombinationen.

An wen wendet sich dieses Buch?
Wenn Sie regelmäßig mit Windows und den Office Anwendungen
arbeiten, wissen Sie, dass Sie bestimmte Befehle immer wieder benötigen. Dabei über die Maus die Menüs zu benutzen kostet Zeit.
Einfacher geht es mit Tastenkombinationen (engl. Shortcuts), die bestimmte Befehle ausführen. Dabei bleiben Ihre Hände auf der Tastatur
und Ihre Arbeit wird nicht unterbrochen.

Windows und Office bietet eine große Bandbreite dieser Shortcuts,
jedoch kennen viele Benutzer nur einen Bruchteil ihrer Möglichkeiten.
Dieses Buch hilft Ihnen dabei, die passenden Tastenkombinationen
für Ihre Arbeit zu finden.

Über dieses Buch
In diesem Buch sind die Tastenkombinationen nach Anwendungen
geordnet. Innerhalb der einzelnen Kapitel wurden diese dann nach
Bearbeitungsschwerpunkten gegliedert, um Ihnen die Benutzung zu
erleichtern. Darüber hinaus steht Ihnen ein Index zum schnellen Auf-
finden des benötigten Tastenkürzels zur Verfügung.

Im Kapitel Office erfahren Sie, wie Sie eigene Tastenkombinationen
festlegen und so das Arbeiten am PC für Sie komfortabler gestalten.

Hinweise zum Gebrauch
- Die Tastenkürzel gelten für die Windows-Versionen Windows
  10, Windows 8 und Windows 7, sowie für Office 2016, Office
  2013 und Office 2010. Viele der Tastaturbefehle sind versions-
  unabhängig.

- Wenn Sie hinter einer Tastenkombination die Zeichen ⑩, ❽
  und/ oder ❼ finden, zeigt das, für welche Windows Version
  diese Tastenkombination gilt, also für Windows 10, 8 oder 7.
  Fehlen diese, so ist der Shortcut für alle drei Versionen gültig.

■ Die Bezeichnungen O10, O13 und O16 beziehen sich auf die Office Versionen 2010, 2013 und 2016, für die die jeweiligen Shortcuts gelten. Finden Sie keinen Hinweis, so gilt er für alle drei Versionen.

■ Tasten, die Sie gleichzeitig drücken müssen, sind durch ein + gekennzeichnet.

■ Für einige Tastenkombinationen benötigen Sie einen Ziffernblock, der auf vielen Notebook-Tastaturen fehlt. In diesem Fall müssen Sie leider auf die Verwendung dieses Shortcuts verzichten. Microsoft verwendet für den Ziffernblock die Bezeichnung **Zehnertastatur**.

Tastenbezeichnungen

■ Unter EINGABE ist die EINGABE-, ENTER- oder RETURN-Taste zu verstehen.

■ NACH-LINKS, bzw. NACH-RECHTS / OBEN / UNTEN bezeichnet die Pfeiltasten.

■ Die RÜCKTASTE wird auch häufig als BACKSPACE-, RÜCKSCHRITT-, LÖSCH- oder KORREKTURTASTE bezeichnet.

Da manche Tastaturen auch eine englische Beschriftung aufweisen, hier eine kleine Übersicht:

■ dt. STRG (Steuerung) = engl. CTRL, (Control)

■ dt. EINFG (Einfügen) = engl. INS (Insert),

■ dt. ENTF (Entfernen) = engl. DEL. (Delete)

Schreibweise
Befehle, Bezeichnungen von Schaltflächen und Beschriftungen von Dialogfenstern sind zur besseren Unterscheidung farbig und kursiv hervorgehoben, zum Beispiel Register *Ansicht*, Schaltfläche *Kopieren*.

Inhalt

3 Word 25

4 Excel 39

5 PowerPoint 51

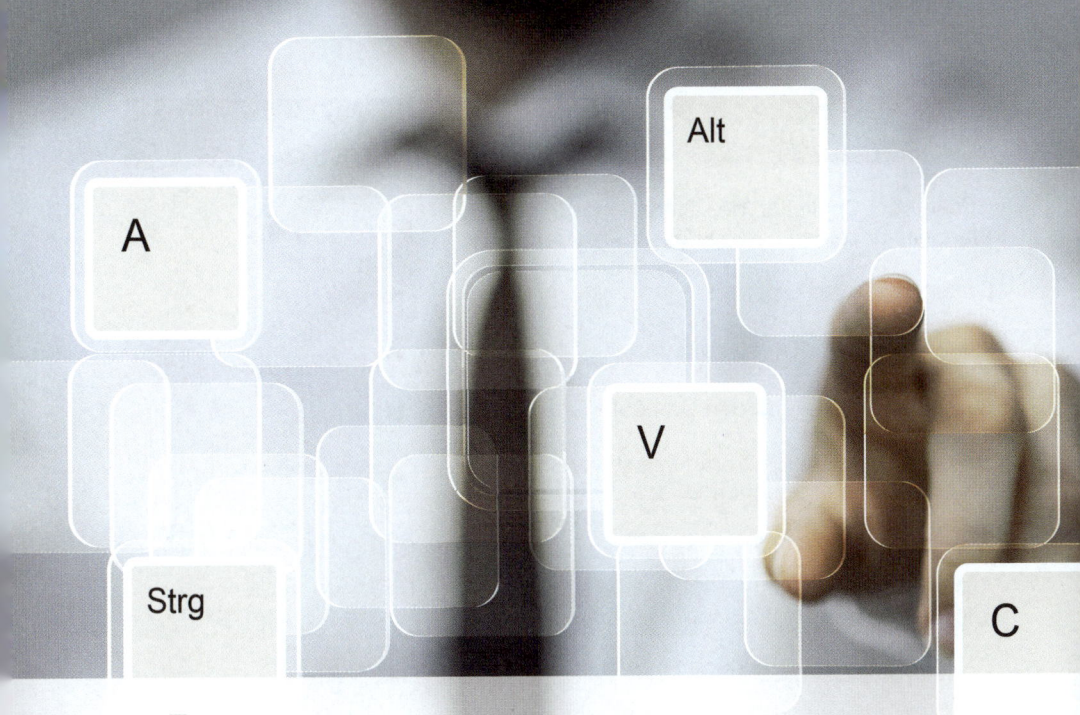

1 Windows
Versionen 10, 8 und 7

1.1 Allgemein

Öffnen oder Schließen des Startmenüs ❼ ❿ Startseite anzeigen bzw. Desktop anzeigen ❽	Strg + Esc ❼ ❿ oder ⊞
Öffnen des Datei-Explorers	⊞ + E
Öffnen des Dialogfelds Ausführen	⊞ + R
Basisinformationen für den Computer anzeigen	⊞ + Pause
Cortana öffnen um eine Frage zu stellen ❿ Charms-Leiste einblenden ❽	⊞ + C
Taskmanager anzeigen	Strg + Umschalt + Esc
Aufrufen der Übersicht für: Computer sperren, Benutzer wechseln, Taskmanager aufrufen etc.	Strg + Alt + Entf
Sperren des Computers oder Wechseln des Benutzers	⊞ + L
Öffnen des Centers für erleichterte Bedienung	⊞ + U
Größe von Desktopsymbolen ändern	Strg + Mausrad
In geöffneten Menü einer Anwendung: Befehl, zu dem der Buchstabe gehört, wird ausgeführt	Unterstrichener Buchstabe
Entsprechende Menü, zu dem der Buchstabe gehört, wird angezeigt	Alt + Unterstrichener Buchstabe
Nächstes Menü markieren oder öffnen (rechts vom aktuellen Menü bzw. Untermenü wird geöffnet)	Nach-Rechts
Nächstes Menü markieren oder öffnen (links vom aktuellen Menü bzw. Untermenü wird geschlossen)	Nach-Links
Zwischen geöffneten Elementen wechseln	Alt + Tab
Zwischen Elementen umschalten (in der Reihenfolge, in der sie geöffnet wurden)	Alt + Esc
Zwischen Bildschirmelementen auf dem Desktop/ in einem Fenster umschalten	F6
Menü des aktuellen Kombinationsfeldes öffnen (statt Dropdown-Pfeil)	Alt + Nach-Unten

Auswahl in einem Menü	Nach-Unten bzw. Nach-Oben
Auswahl übernehmen	Eingabe
Eigenschaften für das markierte Element anzeigen	Alt + Eingabe
Kontextmenü öffnen (für das aktive Fenster)	Alt + Leertaste
Mehrere Elemente markieren (in einem Dokument/Fenster/auf dem Desktop)	Umschalt + Pfeiltaste
Alle Elemente markieren (in einem Dokument/Fenster/auf dem Desktop)	Strg + A
Suche öffnen	F3
Suchen nach einer Datei oder Ordner ❽ ❼	⊞ + F
Programm beenden oder aktives Element schließen	Alt + F4
Wenn mehrere Dokumente in einem Programm geöffnet sind: Schließen des aktiven Dokuments	Strg + F4
Aktives Fenster aktualisieren (z.B. Datei-Explorer, Browser)	F5
Abbrechen einer Aktion, Dialogfenster ausblenden	Esc
Eingabesprache wechseln (wenn mehrere aktiviert sind) (Hinweis: Verwenden Sie die linke Alt-Taste)	Alt + Umschalt
Tastaturlayout ändern (wenn mehrere aktiviert sind) ❿ ❽ (In Windows 7: Automatische Anpassung des Tastaturlayouts bei Änderung der Eingabesprache)	⊞ + Leertaste
Hilfe aufrufen ❽ ❼	F1
Öffnet eine Trefferliste im Browser Micrsoft Edge mit Hilfethemen zu Windwos 10 ❿	F1
Computer für die Verwendung mehrerer Monitore / Projektor einrichten	⊞ + P
Verschieben eines Fensters von einem Monitor an einen anderen Monitor	⊞ + Umschalt + Nach-Links oder Nach-Rechts
Suchen nach Computern (nur mgl., wenn sich der Computer in einem Netzwerk befindet)	Strg + ⊞ + F

1.2   Kopieren, löschen, Aktion rückgängig machen

Kopieren des markierten Textes oder Objekts	Strg + C
Ausschneiden des markierten Textes oder Objekts	Strg + X
Einfügen aus Zwischenablage (Text oder Objekt)	Strg + V
Markiertes Element löschen (Ordner, Datei etc.) (wird in den Papierkorb verschoben, wenn sich das Element auf dem lokalen Rechner befindet)	Strg + D oder einfach die Entf-Taste
Markiertes Element endgültig löschen; Ordner/ Datei wird nicht in den Papierkorb verschoben	Umschalt + Entf
Rückgängigmachen der letzten Aktion	Strg + Z
Wiederholen der letzten Aktion	Strg + Y

1.3   Taskleiste und Fenster

Auswahl eines angehefteten Programms auf der Taskleiste; mehrmaliges Drücken von T wechselt zwischen Programmen; Eingabe-Taste öffnet das ausgewählte Programm	⊞ + T und Eingabe
Öffnen eines angehefteten Programms als Administrator	Strg + Umschalt + Klicken auf Programm
Das angeheftete Programm ist bereits geöffnet, z.B. WordPad; es soll ein weiteres WordPad-Dokument in einem zweiten Fenster geöffnet werden.	Umschalt + Anklicken des angehefteten Programmsymbols
Mehrere geöffnete Fenster eines Programms sind auf der Taskleiste gruppiert. Mit dem Kürzel zeigen Sie die geöffneten Fenster nacheinander an.	Strg + Klicken auf eine Programmsymbol
Anzeigen des Fenstermenüs für ein angeheftetes Programmsymbol	Umschalt + Rechtsklick auf Symbol
Anzeigen des Fenstermenüs für eine gruppierte Taskleistenschaltfläche	Umschalt + Rechtsklick auf Schaltfläche
Anzeige und Auswahl der geöffneten Programme; Tab mehrmals drücken zum Wechseln und beim gewünschten Programm Tasten loslassen	Alt + Tab

Anzeige der Taskansicht ⑩ (Übersicht aller ge-öffneten Programme), mit den Pfeiltasten wählen Sie das gewünschte Programm aus, mit Eingabe bestätigen Sie die Anzeige	⊞ + Tab Pfeiltasten + Eingabe
Anzeige der App-Liste zur Auswahl von Apps bzw. Desktop ⑧	⊞ + Tab
Umschalten zwischen Programmen auf der Taskleiste mit Hilfe von Aero-Flip ❼ , drücken von Tab wechselt zwischen den Programmen	⊞ + Tab (mehrmals)
Minimieren aller Fenster	⊞ + M
Minimierte Fenster wieder anzeigen	⊞ + Umschalt + M
Minimieren aller Fenster mit Ausnahme des aktiven Fensters	⊞ + Pos1
Aktives Fenster wird an den linken bzw. rechten Bildschirmrand geschoben	⊞ + Nach-Links bzw. Nach-Rechts
Anzeigen des Desktops	⊞ + D
Maximieren des aktiven Fensters	⊞ + Nach-Oben
Aktives Fenster verkleinert anzeigen; nochmaliges Drücken minimiert das Fenster	⊞ + Nach-Unten
Vergrößern des Fensters auf vertikales (nicht horizontales) Maximum	⊞ + Umschalt + Nach-Oben

Öffnen von angehefteten Programmen auf der Taskleiste

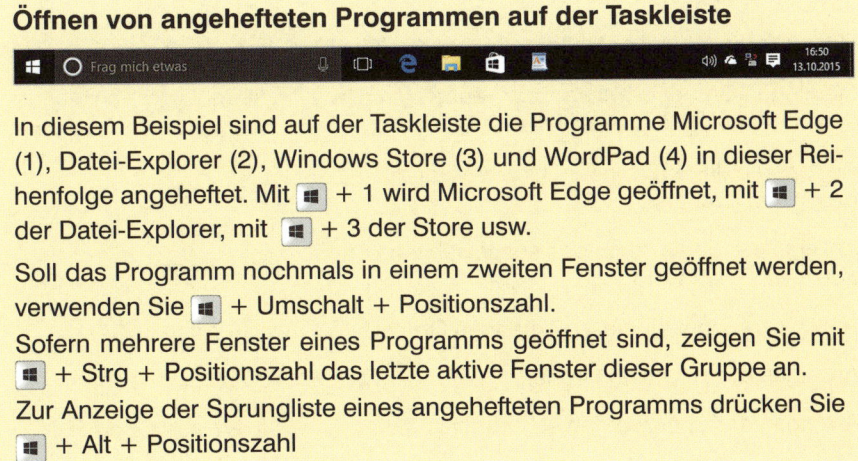

In diesem Beispiel sind auf der Taskleiste die Programme Microsoft Edge (1), Datei-Explorer (2), Windows Store (3) und WordPad (4) in dieser Reihenfolge angeheftet. Mit ⊞ + 1 wird Microsoft Edge geöffnet, mit ⊞ + 2 der Datei-Explorer, mit ⊞ + 3 der Store usw.

Soll das Programm nochmals in einem zweiten Fenster geöffnet werden, verwenden Sie ⊞ + Umschalt + Positionszahl.

Sofern mehrere Fenster eines Programms geöffnet sind, zeigen Sie mit ⊞ + Strg + Positionszahl das letzte aktive Fenster dieser Gruppe an.

Zur Anzeige der Sprungliste eines angehefteten Programms drücken Sie ⊞ + Alt + Positionszahl

1.4 Datei-Explorer

Explorer öffnen	⊞ + E
Öffnen eines weiteren Fensters	Strg + N
Schließen des Fensters	Strg + W oder Alt + F4
Maximieren bzw. ursprüngliche Größe des Fensters wieder herstellen	F11
Einblenden des Vorschaufensters rechts im Explorer	Alt + P
Menüleiste im aktiven Fenster einblenden ❼	F10
Menüband erweitern bzw. minimieren ❽ ❿	Strg + F1
Menü Datei wird geöffnet	Alt + D
Auswählen des Suchfelds	Strg + F oder E oder F3
Adressleiste: Liste der letzten Speicherorte einblenden	F4
Bildlaufleiste an den Anfang bzw. Ende setzen	Pos1 bzw. Ende
Ansicht ändern (ggf. Inhaltsbereich anklicken)	Strg + Mausrad
Erstellen eines neuen Ordners	Strg + Umschalt + N
Markierte(n) Ordner / Datei umbenennen	F2
Kontextmenü des ausgewählten Objekts anzeigen	Umschalt + F10
Dialogfenster Eigenschaften des markierten Elements (Datei, Ordner) öffnen	Alt + Eingabe

Die weiteren Kürzel beziehen sich auf den Navigationsbereich des Explorers

Markierten Ordner erweitern bzw. reduzieren (Unterordner anzeigen bzw. ausblenden)	Ziffernblock: Num + Plus- bzw. Minuszeichen
Reduzieren der angezeigten Unterordner des ausgewählten Ordners	Nach-Links
Anzeige der Unterordner des ausgewählten Ordners (wenn reduziert)	Nach-Rechts
Anzeigen/Ausblenden des vorherigen Ordners	Alt + Nach-Links
Anzeigen des nächsten Ordners	Alt + Nach-Rechts
Anzeigen des übergeordneten Ordners	Alt + Nach-Oben

1.5   Dialogfenster

Bewegen durch Registerkarten (vorwärts bzw. rückwärts)	Strg + Tab bzw. Strg + Umschalt + Tab
Bewegen durch Optionen, Eingabefelder bzw. Auswahl von Schaltflächen (vorwärts bzw. rückwärts)	Tab bzw. Umschalt + Tab
Aktivieren/Deaktivieren von Kontrollkästchen (wenn diese ausgewählt sind)	Leertaste
Auswählen einer Schaltfläche (wenn diese Option für eine Gruppe von Schaltflächen aktiv ist)	Pfeiltaste
Befehl der aktiven Schaltfläche ausführen	Eingabe
Dropdownliste öffnen (wenn sie ausgewählt ist)	Alt + Nach-Unten (2. Mal drücken schließt sie)
Eine Option aus einer Dropdownliste auswählen	Erster Buchstabe einer Option drücken
Schließen der Dropdownliste bzw. Abbruch des Befehls bzw. Schließen des Dialogfensters	Esc
Anzeigen der Elemente in der aktiven Liste	F4

1.6   Tasten im Textmodus

Cursor wortweise nach links (rechts) bewegen	Strg + Nach-Links /-Rechts
Zeichen links (rechts) vom Cursor markieren bzw. Markierung entfernen	Umschalt + Nach-Links Umschalt + Nach-Rechts
Wort markieren/markieren aufheben (links vom Cursor)	Strg + Umschalt + Nach-Links
Wort markieren/markieren aufheben (rechts vom Cursor)	Strg + Umschalt + Nach-Rechts
Zum Anfang bzw. Ende eines Eintrags	Pos1 bzw. Ende
Von der aktuellen Cursorposition bis zum Beginn bzw. Ende eines Eintrags markieren	Umschalt + Pos1 bzw. Ende

1.7   Bildschirmlupe

Bildschirmlupe starten	⊞ + Pluszeichen
Wechseln in den Vollbildmodus	Strg + Alt + F
Wechseln in den Lupenmodus	Strg + Alt + L
Vergrößern	⊞ + Pluszeichen
Verkleinern	⊞ + Minuszeichen
Farbumkehr aktivieren und deaktivieren	Strg + Alt + I
Schwenken in Richtung der Pfeiltasten	Strg + Alt + Pfeiltasten
Beenden der Bildschirmlupe	⊞ + Esc

1.8   Windows-Hilfe für Windows 7

Anzeige der Hilfe	F1
Inhaltsverzeichnis anzeigen	Alt + C
Menü Verbindungsoptionen anzeigen	Alt + N
Menü Optionen anzeigen	F10
Zurückbewegen zum vorher angezeigten Thema	Alt + Nach-Links
Vorwärtsbewegen zum nächsten Thema	Alt + Nach-Rechts
Wechseln zum Anfang eines Themas	Pos1
Wechseln zum Ende eines Themas	Ende
Suchen im aktuellen Thema	Strg + F
Drucken eines Themas	Strg + P
Verschieben des Cursors in das Suchfeld	F3

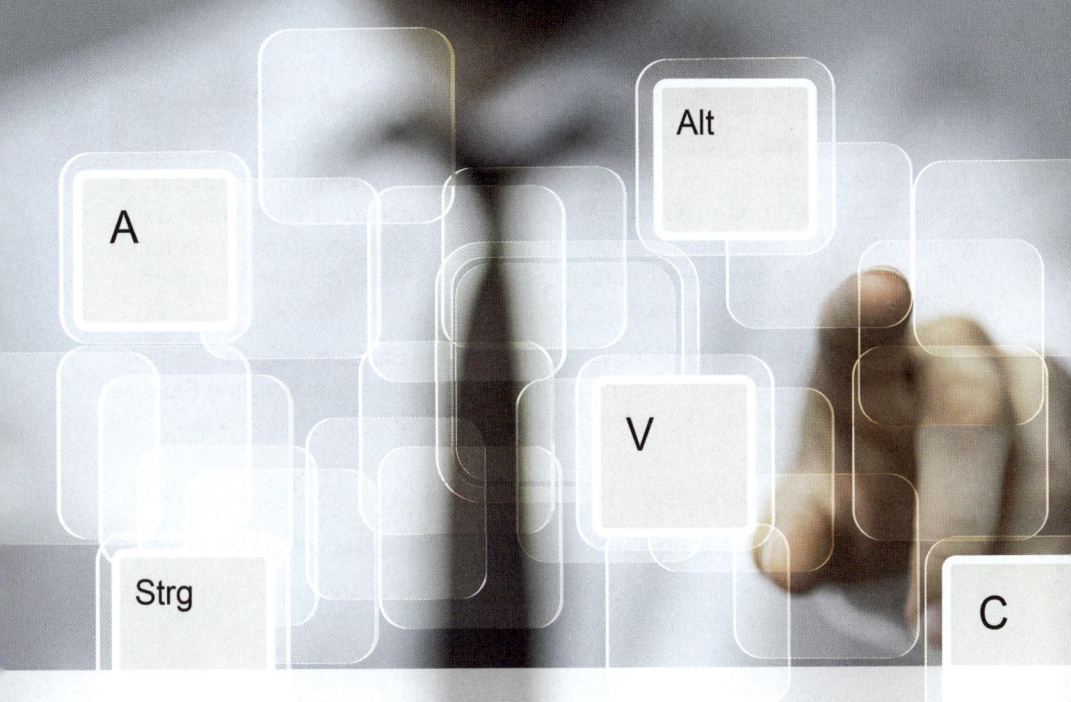

2 Office

2.1 Tastenkombinationen anpassen

In den Office Anwendungen können Sie Tastenkombinationen Ihren Bedürfnissen anpassen. Sie können einem Befehl, einer Formatierung, einem Makro etc. eine spezielle, für Sie passende Kombination zuordnen, um so noch schneller häufig verwendete Befehle zu nutzen. Ebenso können Tastenkombinationen entfernt werden. So gehen Sie dabei vor:

1 Öffnen Sie die Registerkarte *Datei* und wählen Sie *Optionen*. Es erscheint das Dialogfeld X-*Optionen*. (je nachdem, in welcher Anwendung Sie dies machen, heißt das Dialogfeld anders: In Word z.B. sehen Sie den Titel *Word-Optionen*).

2 Wählen Sie im Dialogfeld links die Kategorie *Menüband anpassen*.

3 Wählen Sie oben links bei *Befehle auswählen* die Option *Alle Befehle*.

4 Klicken Sie unten links auf das Feld *Tastenkombinationen: Anpassen*. Es öffnet sich das Dialogfeld *Tastatur anpassen*.

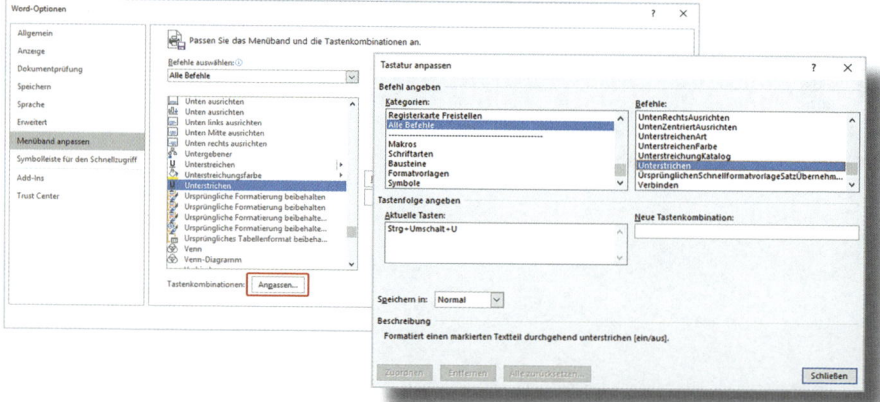

5 Wählen Sie links im Menü *Kategorie* die Option *Alle Befehle*. (Da diese Auswahl alle Befehle beinhaltet, ist sie sehr lang. Wenn Sie wissen, in welcher Kategorie der von Ihnen gesuchte Befehl ist, dann können Sie die Liste auch einschränken, indem Sie eine andere Kategorie wählen).

6 Rechts sehen Sie nun alle Befehle. Wählen Sie denjenigen, den Sie ändern möchten, und klicken Sie darauf. Im Feld *Aktuelle Tasten* können Sie sehen, welche Tastenkombination diesem Befehl zugeordnet ist (bleibt das Feld leer, aind noch keine Tasten zugeordnet). Sie können unter *Beschreibung* sehen, welche Aktion mit diesem Befehl ausgeführt wird.

7 Gehen Sie mit dem Cursor in das Feld *Neue Tastenkombinationen* und drücken Sie dann auf Ihrer Tastatur diejenigen Tasten zusammen, die

Sie verwenden wollen. Die Tastenkombination wird automatisch in dem Feld angezeigt.

8 Klicken Sie dann auf den Befehl *Zuordnen*. Dem Befehl ist nun diese Tastenkombination zugeordnet.

9 Wenn Sie alle Änderungen vorgenommen haben, klicken Sie auf den Befehl *Schließen*.

Sie können eine Tastenkombination auch entfernen. So geht's:

1 Wie oben in den Schritten 1 bis 5 beschrieben, öffnen Sie die passenden Dialogfelder. Wählen Sie den Befehl, dessen Kombination Sie entfernen wollen.

2 Markieren Sie die Tastenkombination dieses Befehls im Feld *Aktuelle Tasten*. Klicken Sie auf den Befehl *Entfernen*.

3 Nun können Sie dem Befehl eine neue Tastenkombination zuweisen (siehe Beschreibung oben) oder es so belassen. Das bedeutet, dass diesem Befehl keine Tastenkombination zugewiesen ist. In beiden Fällen müssen Sie nun auf *Zuordnen* klicken, um die Änderung zu übernehmen.

4 Wenn Sie alle Änderungen vorgenommen haben, klicken Sie auf den Befehl *Schließen*.

2.2 KeyTips anzeigen und verwenden

Als Alternative zur Maus können die Register und Befehlsschaltflächen auch über die Tastatur aufgerufen werden. Nach dem Drücken der Alt-Taste zeigt das Menüband zunächst die Tasten an, mit denen Sie die Register aufrufen.

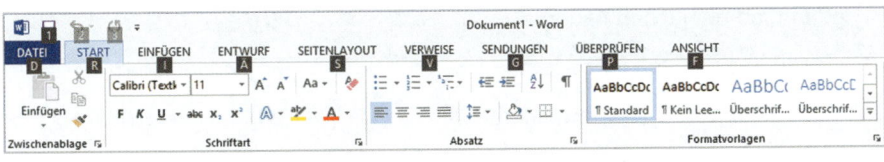

Nach dem Drücken einer Taste, beispielsweise „R" für das Register *START*, erscheinen die Tasten zu den Schaltflächen der Registerkarte. Drücken Sie beispielsweise die „3", um markierten Text zu unterstreichen, bzw. um ein Auswahlfeld mit den Möglichkeiten zur Unterstreichung zu öffnen. Mit dem Aufruf eines Befehls oder Drücken der ESC-Taste verschwindet die Tastenanzeige wieder.

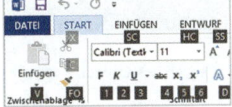

2.3 Dokumente verwalten

Neues Dokument	Strg + N
Dokument öffnen	Strg + O
Dokument speichern	Strg + S
Dokument schließen	Strg + W oder Strg + F4
Dokument drucken (Dialogfenster *Drucken*)	Strg + P
Seitenansicht, bzw. Druckvorschau (2003)	Strg + F2
Anwendung beenden / Fenster schließen	Alt + F4
Fenster maximieren, bzw. Wiederherstellen der vorherigen Größe	Strg + F10

2.4 Allgemein

Kopieren des markierten Textes oder Objekts	Strg + C
Ausschneiden des markierten Textes oder Objekts	Strg + X
Einfügen aus Zwischenablage (Text oder Objekt)	Strg + V
Markiertes Objekt, z. B. Grafiken, Formen, duplizieren; dupliziertes Objekt wird sofort eingefügt; funktioniert nicht in Excel	Strg + D
Rückgängigmachen der letzten Aktion	Strg + Z
Wiederholen der letzten Aktion	Strg + Y
Markierte Auswahl fett formatieren	Strg + Umschalt + F
Markierte Auswahl kursiv formatieren	Strg + Umschalt + K
Markierte Auswahl unterstreichen	Strg + Umschalt + U
Einfügen Zeilenumbruch, kein Absatzende	Umschalt + Eingabe
Wort links von der Einfügemarke löschen	Strg + Rücktaste
Wort rechts von der Einfügemarke löschen	Strg + Entf
Menüband erweitern bzw. minimieren	Strg + F1

Die Office-Zwischenablage anzeigen

Bei geöffneter Office-Zwischenablage können dort bis zu 24 Elemente gespeichert und in Word, Excel, PowerPoint etc. eingefügt werden. Schnell öffnen Sie die Zwischenablage, durch 2maliges Drücken von Strg + C desselben Inhalts. Falls das nicht klappt, müssen Sie die Funktionalität erst festlegen. Öffnen Sie dazu im Register *Start*, Gruppe *Zwischenablage* durch Anklicken des Gruppensymbols den Aufgabenbereich *Office-Zwischenablage*. Hier klicken Sie unten auf *Optionen* und wählen Office-Zwischenablage anzeigen wenn Strg+ C zweimal betätigt wurde.

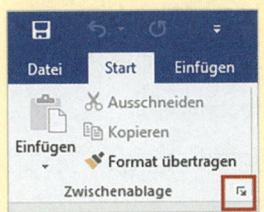 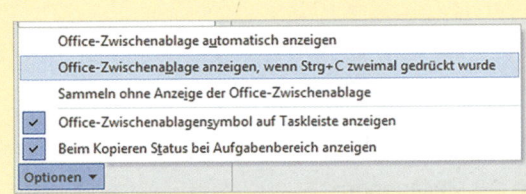

2.5 Suchen

Befehl *Suchen* im Dialogfeld Suchen und Ersetzen	Strg + F
Befehl *Gehen zu* im Dialogfeld Suchen und Ersetzen	Strg + G
Befehl *Ersetzen* im Dialogfeld Suchen und Ersetzen	Strg + H

Tipp

Wenn Sie in einem Text viele doppelte Leerzeichen zwischen einzelnen Worten finden, entfernen Sie diese auf einen Schlag mit Strg + H. Geben Sie dazu in das Feld *Suchen nach:* zwei Leerzeichen und in das Feld *Ersetzen durch:* ein Leerzeichen ein. Klicken Sie dann auf *Alle ersetzen*.

2.6   Positionieren und Navigieren im Dokument

Verschieben der Einfügemarke	Pfeiltasten (Oben, Unten, Links, Rechts)
Ein Zeichen nach links	Nach-Links
Ein Zeichen nach rechts	Nach-Rechts
Ein Wort nach links	Strg + Nach-Links
Ein Wort nach rechts	Strg + Nach-Rechts
Einen Absatz nach oben	Strg + Nach-Oben
Einen Absatz nach unten	Strg + Nach-Unten
Eine Zeile nach oben	Nach-Oben
Eine Zeile nach unten	Nach-Unten
An das Zeilenende	Ende
An den Zeilenanfang	Pos1
An den oberen Rand des Fensters	Alt + Strg + Bild-Auf
An den unteren Rand des Fensters	Alt + Strg + Bild-Ab
Eine Bildschirmseite aufwärts (Bildlauf)	Bild-Auf
Eine Bildschirmseite abwärts (Bildlauf)	Bild-Ab
An den Anfang der nächsten Seite	Strg + Bild-Ab
An den Anfang der vorherigen Seite	Strg + Bild-Auf
An das Ende des Dokuments	Strg + Ende
An den Anfang des Dokuments	Strg + Pos1
Nach dem Öffnen eines Dokuments zur zuletzt bearbeiteten Stelle navigieren; Verwendung direkt nach dem Öffnen	Umschalt + F5

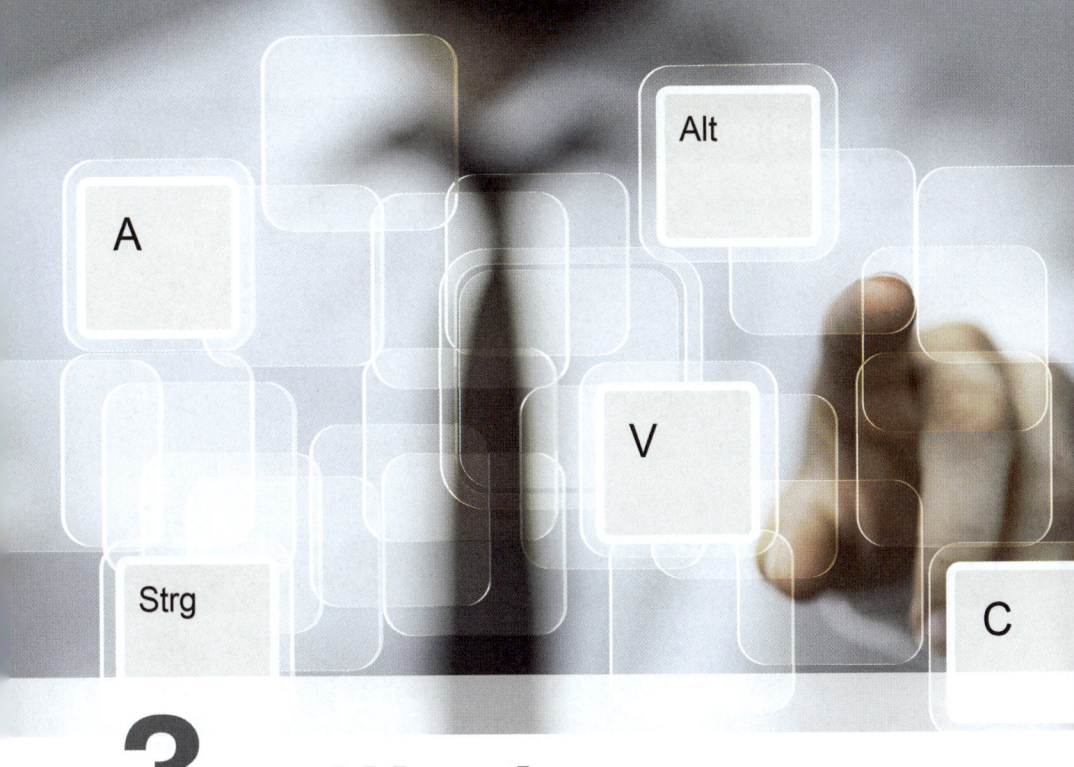

3 Word

3.1 Dokument

Öffnen eines Dokumentes	Strg + O
Erstellen eines neuen Dokuments	Strg + N
Schließen eines Dokuments	Strg + W
Speichern eines Dokuments	Strg + S
Anzeigen des Dialogfeldes Speichern unter	F12
Drucken eines Dokuments	Strg + P

3.2 Im Dokument navigieren

Verschieben der Einfügemarke	Pfeiltasten (Oben, Unten, Links, Rechts)
Ein Zeichen nach links	Nach-Links
Ein Zeichen nach rechts	Nach-Rechts
Ein Wort nach links	Strg + Nach-Links
Ein Wort nach rechts	Strg + Nach-Rechts
Einen Absatz nach oben	Strg + Nach-Oben
Einen Absatz nach unten	Strg + Nach-Unten
Eine Zeile nach oben	Nach-Oben
Eine Zeile nach unten	Nach-Unten
An das Zeilenende	Ende
An den Zeilenanfang	Pos1
An den oberen Rand des Fensters	Alt + Strg + Bild-Auf
An den unteren Rand des Fensters	Alt + Strg + Bild-Ab
Eine Bildschirmseite aufwärts (Bildlauf)	Bild-Auf
Eine Bildschirmseite abwärts (Bildlauf)	Bild-Ab
An den Anfang der nächsten Seite	Strg + Bild-Ab

An den Anfang der vorherigen Seite	Strg + Bild-Auf
An das Ende des Dokuments	Strg + Ende
An den Anfang des Dokuments	Strg + Pos1
Nach dem Öffnen eines Dokuments zur zuletzt bearbeiteten Stelle navigieren	Umschalt + F5

3.3   Markieren

Zeichenweise nach rechts bzw. nach links markieren	Umschalt + Nach-Rechts Umschalt + Nach-Links
Wortweise nach rechts bzw. nach links	Strg + Umschalt + Nach-Rechts bzw. Nach-Links
Ab Cursor bis zum Beginn der Zeile	Umschalt + Pos1
Ab Cursor bis zum Ende des Zeile	Umschalt + Ende
Ab Cursor bis zum Anfang des Absatzes	Strg + Umschalt + Nach-Oben
Ab Cursor bis zum Ende des Absatzes	Strg + Umschalt + Nach-Unten
Ab Cursor bis zum Anfang des Dokuments	Strg + Umschalt + Pos1
Ab Cursor bis zum Ende des Dokuments	Strg + Umschalt + Ende
Gesamtes Dokument	Strg + A
Markieren im Erweiterungsmodus	
Erweiterungsmodus aktivieren	F8
Erweiterungsmodus deaktivieren	Esc
Wort markieren	F8 (1mal)
Satz markieren	F8 (2mal)
Absatz markieren	F8 (3mal)
Alles markieren	F8 (4mal)
Nächstes Wort	Strg + Nach-Rechts
Einen Absatz nach unten	Strg + Nach-Unten

Einen Absatz nach oben	Strg + Nach-Oben
Eine Bildschirmseite nach unten	Strg + Bild-Ab
Eine Bildschirmseite nach unten	Strg + Bild-Auf
Bis zum Ende des Fensters	Alt + Strg + Umschalt + Bild-Ab
Verkleinern der markierten Auswahl (schrittweise)	Umschalt + F8
Vertikalen Textblock markieren	Strg + Umschalt + F8, dann Pfeiltasten verwenden

3.4 Kopieren, Aktion zurücknehmen und löschen

Kopieren des markierten Textes oder Objekts	Strg + C
Ausschneiden des markierten Textes oder Objekts	Strg + X
Einfügen aus Zwischenablage (Text oder Objekt)	Strg + V
Markiertes Objekt, z. B. Grafiken, Formen, duplizieren; dupliziertes Objekt wird sofort eingefügt	Strg + D
Rückgängigmachen der letzten Aktion	Strg + Z
Wiederholen der letzten Aktion	Strg + Y
Zeichen links vom Cursor löschen	Rücktaste
Zeichen rechts vom Cursor löschen	Entf
Wort links vom Cursor löschen	Strg + Rücktaste
Wort rechts vom Cursor löschen	Strg + Entf

3.5 Schriftformatierung

Öffnen des Dialogfelds Schriftart	Strg + D Strg + Umschalt + A
Vergrößern des Schriftgrads um 1 Punkt	Strg + 9

Verkleinern des Schriftgrads um 1 Punkt	Strg + 8
Vergrößern des Schriftgrads	Strg + Umschalt + <
Verkleinern des Schriftgrads	Strg + <
Groß-/Kleinschreibung ändern (mehrere Varianten möglich durch mehrmaliges Verwenden der Kombination)	Umschalt + F3
Als Großbuchstaben formatieren (alle Buchstaben im markierten Bereich werden zu Großbuchstaben)	Strg + Umschalt + G
Kapitälchen	Strg + Umschalt + Q
Zuweisen der Formatierung Fett	Strg + Umschalt + F
Zuweisen der Formatierung Kursiv	Strg + Umschalt + K
Zuweisen der Formatierung Unterstrichen	Strg + Umschalt + U
Unterstreichen nur von Wörtern (keine Leerzeichen)	Strg + Umschalt + W
Doppelt Unterstreichen (auch Leerzeichen werden unterstrichen)	Strg + Umschalt + D
Zuweisen der Formatierung Ausgeblendet	Strg + Umschalt + H
Tiefgestellt (automatischer Abstand)	Strg + #
Hochgestellt (automatischer Abstand)	Strg + Pluszeichen
Für den markierten Text die Schriftart Symbol festlegen	Strg + Umschalt + B
Formatierung löschen Formatvorlage Standard zuweisen	Strg + Leertaste Strg + Umschalt + N
Textformatierung kopieren (Format übertragen)	Strg + Umschalt + C
Kopiertes Format dem markierten Text zuweisen	Strg + Umschalt + V

Zum Einfügen eines kopierten oder ausgeschnittenen Textes ohne Formatierung gibt es leider keine Tastenkombination. Sie können aber einen KeyTip verwenden: Alt + R + V + T

3.6 Absatzformatierung

Einfacher Zeilenabstand	Strg + 1
Doppelter Zeilenabstand	Strg + 2
1,5-facher Zeilenabstand	Strg + 5
Hinzufügen / Entfernen eines Abstand Vor 12 pt	Strg + 0 (Null)
Linksbündig ausrichten	Strg + L
Rechtsbündig ausrichten	Strg + R
Im Blocksatz ausrichten	Strg + B
Zentriert ausrichten	Strg + E
Aufzählungszeichen einfügen	Strg + Umschalt + L
Linken Einzug vergrößern (jeweils 1,25 cm)	Strg + M
Linken Einzug verkleinern (jeweils 1,25 cm)	Strg + Umschalt + M
Hängenden Einzug vergrößern	Strg + T
Hängenden Einzug verkleinern	Strg + Umschalt + T
Alle Absatzformatierungen entfernen	Strg + Q
Überschriften, die mit den Formatvorlage Überschrift 1 bis Überschrift 9 formatiert sind, können höher bzw. niedriger gestuft werden	Alt + Umschalt + Nach-Links (höher) Alt + Umschalt + Nach-Rechts (niedriger)
Ausgewählten Absatz nach oben bzw. unten bewegen	Alt + Umschalt + Nach-Oben bzw. Nach-Unten
Überarbeiten der Textformatierung (rechts wird *Formatierung anzeigen* geöffnet)	Umschalt + F1

3.7 Allgemein

Einfügen Absatzende	Eingabe
Einfügen Zeilenumbruch, kein Absatzende	Umschalt + Eingabe
Einfügen Seitenumbruch	Strg + Eingabe

Einfügen Spaltenumbruch	Strg+Umschalt+Eingabe
Ein- bzw. Ausblenden druckbarer Zeichen; Achtung verwenden Sie nicht das Plus auf dem Ziffernblock	Strg + Umschalt + Plus
Einfügen Datum; aktualisiert automatisch	Alt + Umschalt + D
Einfügen Seitenzahl	Alt + Umschalt + P
Einfügen eines Tabstoppzeichens; nützlich in Tabellen	Strg + Tab
Einfügen eines Hyperlinks (Dialogfenster *Link einfügen* wird angezeigt)	Strg + K
Einfügen eines Seriendruckfeldes	Alt + Umschalt + F
Schnellbaustein erstellen; Text bzw. Objekt müssen vorher markiert werden	Alt + F3
Navigationsbereich anzeigen	Strg + F
Rechtschreibprüfung starten	F7
Wörter zählen	Strg + Umschalt + I

3.8 Verschiedene Seitenansichten

Wechseln zur Ansicht Seitenlayout	Alt + Strg + L
Wechseln zur Gliederungsansicht	Alt + Strg + G
Wechseln zur Entwurfsansicht	Alt + Strg + N
Wechseln zur Druckvorschau	Alt + Strg + I
Teilen des Dokumentfensters bzw. Aufheben	Alt + Strg + S

3.9 Tabelle

Wechsel zur nächste bzw. vorherigen Zelle in Zeile	Tab bzw. Umschalt + Tab
Erweitern der Markierung auf angrenzende Zellen	Umschalt gedrückt halten und wiederholt Pfeiltasten drücken

Nächste Zeile	Nach-Unten
Vorherige Zeile	Nach-Oben
Erste Zelle in Zeile	Alt + Pos1
Letzte Zelle in Zeile	Alt + Ende
Erste Zelle in Spalte	Alt + Bild-Auf
Letzte Zelle in Spalte	Alt + Bild-Ab
Zeile oberhalb markieren	Alt + Umschalt + Nach-Oben
Zeile unterhalb markieren	Alt + Umschalt + Nach-Unten
Neuer Absatz in Zelle	Eingabe
Teilen der Tabelle	Strg + Umschalt + Eingabe
Wenn der Cursor am Ende der Tabelle ist (letzte Zelle in letzter Spalte): Einfügen einer neuen Zeile	Tab
Markieren der gesamten Tabelle	Alt + 5 (auf Ziffernblock)

Tabstopps in eine Tabelle einfügen

Mit der Tab-Taste springen Sie innerhalb einer Tabelle von Zelle zu Zelle bzw. fügen Sie eine neue Zeile am Ende der Tabelle hinzu. Zum Erstellen eines einheitlichen Abstands in einer Tabellenzelle kann jetzt die Tab-Taste nicht verwendet werden. Hier hilft die Tastenkombination **Strg + Tab**.

3.10 Zeichen und Symbole

Gedankenstrich	Strg + Minus Minus auf dem Ziffernblock
Geviertstrich	Alt + Strg + Minus Minus auf dem Ziffernblock
Bedingter Trennstrich	Strg + Bindestrich

Geschützter Trennstrich	Strg + Umschalt + Bindestrich
Geschütztes Leerzeichen	Strg + Umschalt + Leertaste
Copyright-Symbol	Alt + Strg + C
Symbol für eingetragene Marke	Alt + Strg + R
Markensymbol	Alt + Strg + T
Auslassungspunkte	Alt + Strg + . (Punkt)
Einzelnes öffnendes Anführungszeichen (Beginn eines Worts)	Umschalt + '
Einzelnes schließendes Anführungszeichen (Ende eines Worts)	Umschalt + '
Doppelte öffnende Anführungszeichen	Umschalt + ' zweimal drücken
Doppelte schließende Anführungszeichen	Strg + ' zweimal drücken

weitere Tastenkombinationen für Symbole

Symbole werden in Word im Register *Einfügen*, Gruppe *Symbole* über die Schaltfläche *Symbol* eingefügt. Über *Weitere Symbole* gelangen Sie zur Gesamtübersicht. Wenn Sie ein Symbol oder einen Buchstaben häufig benötigen, verwenden Sie entweder die angegebenen Tastenkombination, z. B. für das spanische ñ die Kombination Alt + 0241, dabei tippen Sie die Zahlen auf dem Ziffernblock. Wem das zu umständlich ist, legt durch Anklicken der Schaltfläche *Tastenkombination* eine eigene fest.

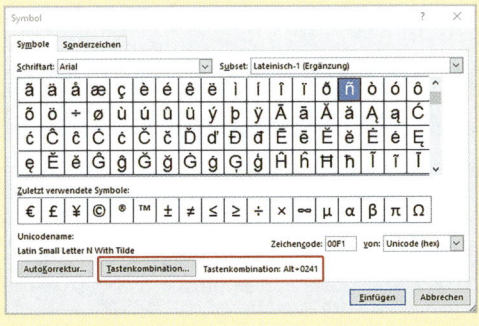
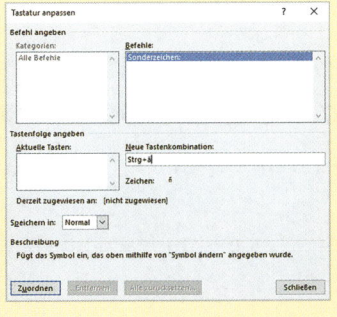

3.11 Formatvorlage zuweisen

Öffnen des Fensters *Formatvorlagen*	Alt + Strg + Umschalt + S
Öffnen des Fensters *Formatvorlage übernehmen*	Strg + Umschalt + S
Formatvorlage Standard zuweisen	Strg + Umschalt + N
Formatvorlage Überschrift 1 zuweisen	Alt + 1 (nicht Ziffernblock)
Formatvorlage Überschrift 2 zuweisen	Alt + 2 (nicht Ziffernblock)
Formatvorlage Überschrift 3 zuweisen	Alt + 3 (nicht Ziffernblock)

3.12 Inhaltsverzeichnis, Fußnoten und Kopfzeilen

Dialogfenster Eintrag für Inhaltsverzeichnis festlegen öffnen	Alt + Umschalt + O
Dialogfenster Zitat markieren öffnen	Alt + Umschalt + I
Dialogfenster Indexeintrag festlegen öffnen	Alt + Umschalt + X
Einfügen einer Fußnote	Alt + Strg + F
Einfügen einer Endnote	Alt + Strg + D
Kopf- oder Fußzeile wieder mit der Kopf- oder Fußzeile des vorherigen Abschnitts verknüpfen	Alt + Umschalt + Z

3.13 In der Gliederungsansicht arbeiten

Einblenden von Text unter der Überschrift	Alt + Umschalt + (Pluszeichen)
Ausblenden von Text unter der Überschrift	Alt + Umschalt + (Minuszeichen)

Ein- / Ausblenden aller Überschriften	Alt + Umschalt + A
Anzeigen aller Überschriften, die die Formatvorlage 1 haben	Alt + Umschalt + 1
Anzeigen aller Überschriften, die die Formatvorlage x haben (x steht für die Nummer der jeweiligen Formatvorlage)	Alt + Umschalt + X

3.14   Suchen und Ersetzen

Öffnen des Aufgabenbereichs Navigation (zum Suchen im Dokument)	Strg + F
Öffnen der Liste mit Navigationsoptionen	Alt + Strg + Pos1 O10
Ersetzen im Dialogfenster Suchen und Ersetzen	Strg + H
Gehen zu im Dialogfenster Suchen und Ersetzen (Seite, Fußnote, Textmarke, Kommentar, Grafik, Tabelle etc. suchen)	Strg + G
Wiederholen des Suchvorgangs	Alt + Strg + Y
Wiederholen von Suchen oder Gehe zu	Umschalt + F4

3.15   Sonstige (Überarbeiten, Felder)

Kommentar einfügen	Strg + Alt + K
Nachverfolgung: Überarbeitungsmodus aktivieren / deaktivieren	Strg + Umschalt + E
Markierte Felder aktualisieren	F9
Anzeige Feldfunktionen ein / aus (im gesamten Dokument)	Alt + F9
Anzeige Feldfunktion ein / aus (Markierung)	Umschalt + F9
Auswählen nächstes Feld	F11
Auswählen vorheriges Feld	Umschalt + F11
Öffnen des Dialogfeldes Wörter zählen	Strg + Umschalt + I

3.16 Übersicht Funktionstasten

Öffnen der Word-Hilfe	F1
Einmaliges verschieben von Text oder Grafik (z.B. ein Wort markieren, F2 drücken, Cursor an gewünschter Stelle setzen, Enter drücken. Das ursprünglich markierte Wort wird dann dorthin kopiert)	F2
Wiederholen des vorhergehenden Vorgangs	F4
Auswählen des Befehls Gehe zu	F5
KeyTips anzeigen	F6
Rechtschreibprüfung	F7
Erweitern der Markierung	F8
Aktualisieren der ausgewählten Felder	F9
Anzeigen der Zugriffstasteninfos im Menüband	F10
Wechseln zum nächsten Feld	F11
Befehl Speichern unter	F12

3.17 Kombinationen von Alt + Funktionstaste

Wechseln zum nächsten Feld	Alt + F1
Schließen von Word	Alt + F4
Ursprüngliche Größe des Programmfenstern wiederherstellen	Alt + F5
Zurückwechseln von einem Dialogfeld zum Dokument (nicht alle Dialogfelder lassen dies zu)	Alt + F6
Suche nach dem nächsten Grammatik- oder Rechtschreibfehler	Alt + F7
Ausführen eines Makros (Dialogfeld Makros öffnen)	Alt + F8

Wechsel zwischen der Anzeige von Feldfunktion und dem Ergebnis im Dokument	Alt + F9
Aufgabenbereich Auswahl und Sichtbarkeit anzeigen	Alt + F10
Öffnen des Visual Basic Editor	Alt + F11

3.18 Kombinationen von Strg + Funktionstaste

Menüband ein-/ausblenden	Strg + F1
Menü Drucken öffnen	Strg + F2
Ausschneiden einer Sammlung ohne Zwischenablage	Strg + F3
Schließen eines Fensters	Strg + F4
Wechseln zum nächsten Fenster	Strg + F6
Einfügen eines Feldes (leer)	Strg + F9
Wiederherstellen / Maximieren eines Fensters	Strg + F10
Sperre des Feldes	Strg + F11
Befehl Öffnen	Strg + F12

3.19 Kombinationen von Umschalt + Funktionstaste

Menü Formatierung anzeigen	Umschalt + F1
Kopieren eines Texts	Umschalt + F2
Änderung der Groß- und Kleinschreibung von Buchstaben	Umschalt + F3
Wiederholung der Befehle Suchen oder Gehe zu (nur anwendbar nach bereits erfolgter Suche)	Umschalt + F4
Anzeigen der letzten Änderung	Umschalt + F5
Anzeige von Recherche mit dem Thesaurus	Umschalt + F7

Verkleinern der Auswahl	Umschalt + F8
Wechsel zwischen Anzeige der Feldfunktion und dessen Ergebnis	Umschalt + F9
Kontextmenü	Umschalt + F10
Wechsel zum vorherigen Feld	Umschalt + F11
Befehl Speichern	Umschalt + F12

3.20   Kombinationen Alt + Umschalt + Funktionstaste

Vorheriges Feld	Alt + Umschalt + F1
Befehl Speichern	Alt + Umschalt + F2
Dialogfeld Ausgewählten Text übersetzen öffnen (Text muss markiert sein)	Alt + Umschalt + F7
Anzeigen eines Menüs oder Meldung für eine verfügbare Aktion	Alt + Umschalt + F10

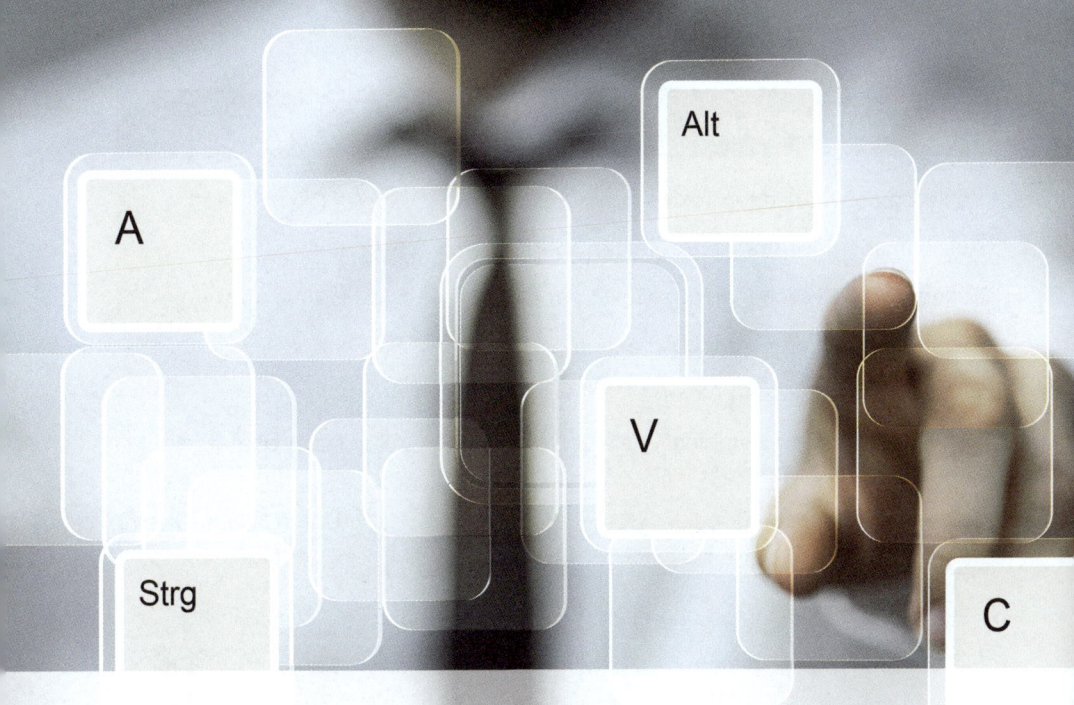

4 Excel

4.1 Allgemein

Kopieren des markierten Textes oder Objekts	Strg + C
Ausschneiden des markierten Textes oder Objekts	Strg + X
Einfügen aus Zwischenablage (Text oder Objekt)	Strg + V
Rückgängigmachen der letzten Aktion	Strg + Z
Wiederholen der letzten Aktion	Strg + Y
Menü des aktuellen Kombinationsfeldes öffnen (statt Klick auf Dropdown-Pfeil)	Alt + Nach-Unten
Auswahl aus Menü	Nach-Unten / Nach-Oben
Auswahl übernehmen	Eingabe
Eine Bildschirmseite nach oben bzw. unten	Bild-Auf bzw. Bild-Ab
Eine Bildschirmseite nach rechts bzw. links	Alt + Bild-Ab bzw. Bild-Auf
Wechseln zwischen deutschem und US-Tastaturlayout (nur wenn die Sprache installiert wurde)	Alt + Umschalt
Wiederholen des letzten Arbeitsschrittes (Nicht bei Formeleingabe und -bearbeitung!)	F4
Wechsel zwischen Arbeitsblatt, Menüband, Aufgabenbereich und Statusleiste	F6
Wechsel zwischen Arbeitsblatt, Menüband, Aufgabenbereich und Statusleiste (in umgekehrter Reihenfolge)	Alt + F6
Erweitern oder Reduzieren des Menübands	Strg + F1
Kontextmenü zur markierten Zelle anzeigen	Umschalt + F10

4.2 Arbeitsmappen verwalten

Neue Arbeitsmappe	Strg + N
Arbeitsmappe öffnen	Strg + O

Arbeitsmappe speichern	Strg + S
Arbeitsmappe schließen	Strg + W oder Strg + F4
Dokument drucken (Dialogfenster *Drucken*)	Strg + P
Seitenansicht, bzw. Druckvorschau (2003)	Strg + F2
Anwendung beenden / Fenster schließen	Alt + F4
Fenster maximieren, bzw. Wiederherstellen der vorherigen Größe	Strg + F10

4.3 Daten eingeben

Eingabe in Zelle abschließen und Zelle unterhalb markieren	Eingabe
Eingabe in Zelle abschließen und Zelle oberhalb markieren	Umschalt + Eingabe
Eingabe in Zelle abschließen und Zelle rechts markieren	Tab
Eingabe in Zelle abschließen und Zelle links markieren	Umschalt + Tab
Eingabe in Zelle abbrechen	Esc
Eingabe in den gesamten markierten Zellbereich übernehmen (Achtung - zuvor markieren!)	Strg + Eingabe
Markierte Zelle bearbeiten (Bearbeiten-Modus: Cursor erscheint in der Zelle)	F2
Bearbeiten-Modus: Cursor an den Anfang	Pos1
Bearbeiten-Modus: Cursor an das Ende	Ende
Löschen eines Zeichens links von Cursor oder des gesamten Zelleninhaltes (wenn markiert)	Rückschritt
Löschen eines Zeichens rechts vom Cursor oder des Zelleninhaltes (wenn markiert)	Entf
Löschen von Zeichen zwischen Cursor bis zum Ende des Eintrags	Strg + Entf

Neue Zeile in Zelle beginnen	Alt + Eingabe
Aktuelles Datum einfügen	Strg + . (Punkt)
Aktuelle Uhrzeit einfügen	Strg + Umschalt + : (Doppelpunkt)
Hyperlink einfügen	Strg + K
Zellinhalt aus der darüberliegenden Zelle kopieren	Strg + Umschalt + , (Komma)
Unten ausfüllen (Format und Inhalt der ersten Zelle des markierten Bereichs in die darunterliegenden Zellen kopieren)	Strg + U
Rechts ausfüllen (Format und Inhalt der ersten Zelle des markierten Bereichs in die angrenzenden Zellen rechts kopieren)	Strg + R
¼ eingeben	Alt + 0188 (Ziffernblock)
½ eingeben	Alt + 0189 (Ziffernblock)
¾ eingeben	Alt + 0190 (Ziffernblock)
± eingeben	Alt + 0177 (Ziffernblock)
Ø eingeben	Alt + 0216 (Ziffernblock)
€ eingeben	Alt + 0128 (Ziffernblock)
£ eingeben	Alt + 0163 (Ziffernblock)
¥ eingeben	Alt + 0165 (Ziffernblock)
Dialogfenster *Rechtschreibung* öffnen	F7
Dialogfenster *Zellen formatieren* öffnen	Strg + 1 (nicht im Ziffernblock)
Dialogfenster *Zellen einfügen* öffnen	Strg + + (Pluszeichen)
Dialogfenster *Löschen* öffnen	Strg + - (Minuszeichen)

Tipp: Das aktuelle Datum wird häufig benötigt, Sie fügen es schnell mit Strg + . (Punkt) in die markierte Zelle ein. Dieses Datum wird im Gegensatz zur Funktion HEUTE() nicht aktualisiert!

4.4   Navigieren im Tabellenblatt

Navigieren zum jeweiligen Rand des Datenbereichs	Strg + Pfeiltaste
Durchführung eines Bildlaufs, um die aktive Zelle anzuzeigen	Strg + Rückschritt
Nach der Eingabe Zelle unterhalb markieren	Eingabe
Nach der Eingabe Zelle rechts markieren	Tab
Nächste Zelle rechts / links markieren	Nach-Rechts / Nach-Links
Nächste Zelle oben / unten markieren	Nach-Oben / Nach-Unten
Markierung nach rechts / links erweitern	Umschalt + Nach-Rechts Umschalt + Nach-Links
Markierung nach oben / unten erweitern	Umschalt + Nach-Oben / Umschalt + Nach-Unten
Erste Zelle in Zeile markieren	Pos1
Erste Zelle im Arbeitsblatt (A1) markieren	Strg + Pos1
Letzte Zelle (in zusammenhängendem Tabellenbereich) markieren	Strg + Ende
Zellen einfügen (Dialogfenster) anzeigen	Strg + + (Pluszeichen)
Zellen löschen (Dialogfenster) anzeigen	Strg + - (Minuszeichen)
Neues Arbeitsblatt einfügen	Umschalt + F11
Zum nächsten / vorherigen Arbeitsblatt	Strg + Bild-Ab Strg + Bild-Auf
Auswahl aktives und nächstes Arbeitsblatt	Umschalt + Strg + Bild-Ab
Auswahl aktives und vorheriges Arbeitsblatt	Umschalt + Strg + Bild-Auf
Das Dialogfenster *Gehe zu* öffnen	F5
Suchen im Dialogfenster *Suchen und Ersetzen* öffnen	Strg + F
Ersetzen im Dialogfenster *Suchen und Ersetzen* öffnen	Strg + H

Weitersuchen (ohne Dialogfenster *Suchen und Ersetzen*)	F4
Aktuelle Spalte ausblenden	Strg + 8 (nicht Ziffern-block)
Aktuelle Spalte einblenden	Strg + Umschalt + 8
Aktuelle Zeile ausblenden	Strg + 9 (nicht Ziffern-block)
Aktuelle Zeile einblenden	Strg + Umschalt + 9
Auswählen nicht gesperrter Zellen in einem ge-schützen Tabellenblatt	Tab
Kontextmenü zur markierten Zelle anzeigen	Umschalt + F10

4.5 Markieren

Erste Zelle in Zeile markieren	Pos1
Gesamtes Arbeitsblatt markieren (Wenn eine Zelle innerhalb eines Tabellenbereichs markiert ist, dann zweimal Strg + A)	Strg + A
Aktuelle Spalte des Tabellenblattes markieren	Strg + Leertaste
Aktuelle Zeile des Tabellenblattes markieren	Umschalt + Leertaste
Wenn mehrere Zellen markiert sind: Auswählen der aktiven (ersten) Zelle	Umschalt + Rückschritt
Aus- und Einblenden von Objekten	Strg + 6 (nicht im Ziffern-block!)
Auswählen aller Objekte eines Blattes (wenn ein Objekt markiert ist)	Strg + Umschalt + Leertaste
Aktivieren/deaktivieren des Erweiterungsmodus	F8
Im Erweiterungsmodus: Erweitern um eine Zelle	Umschalt + Pfeiltaste
Im Erweiterungsmodus: Erweitern bis zum Anfang der Zeile (Spalte A)	Umschalt + Pos1

Im Erweiterungsmodus: Erweitern bis zum Anfang des Arbeitsblattes (A1)	Strg + Umschalt + Pos1
Im Erweiterungsmodus: Erweitern bis zur letzten nicht leeren Zelle in der gleichen Spalte/Zeile wie die aktive Zelle	Strg + Umschalt + Pfeiltaste
Im Erweiterungsmodus: Erweitern bis zur untersten rechten Zelle im Fenster	Rollen + Umschalt + Ende
Im Erweiterungsmodus: Erweitern bis zur obersten linken Zelle im Fenster	Rollen + Umschalt + Pos1
Im Erweiterungsmodus: Erweitern um eine Bildschirmseite nach oben bzw. unten	Umschalt + Bild-Auf bzw. Bild-Ab
Im Erweiterungsmodus: Erweitern bis zur letzten verwendeten Zelle des Arbeitsblattes	Strg + Umschalt + Ende
Im Erweiterungsmodus: Erweitern bis zur letzten Zelle in der aktuellen Zeile	Ende

> **Tipp:** Ob Sie sich im Erweiterungsmodus befinden, erkennen Sie am Text *„Auswahl erweitern"* links unten, unterhalb der Blattregister.

4.6   Zusammenhängende Tabellenbereiche

(Die markierte Zelle befindet sich innerhalb eines zusammenhängenden Tabellenbereichs!)

Tabelle (Liste) erstellen	Strg + L oder Strg + T
Erste / letzte Zelle in Zeile	Strg + Nach-Links / Nach-Rechts
Erste / letzte Zelle in Spalte	Strg + Nach-Oben / Nach-Unten
Erste / letzte Zelle in Tabelle	Strg + Pos1 / Strg + Ende
Zeile markieren (ab Markierung bis zur ersten / letzten nicht leeren Zelle)	Strg + Umschalt + Links Strg + Umschalt + Rechts

Spalte markieren (ab Markierung bis zur ersten / letzten nicht leeren Zelle)	Strg + Umschalt + Oben Strg + Umschalt + Unten
Gesamte Tabelle markieren	Strg + Umschalt + * (nicht im Ziffernblock)
AutoFilter ein- und ausschalten	Strg + Umschalt + L
[1] Ende-Modus aktivieren / deaktivieren	Ende
Ende-Modus: Erste / letzte nicht leere Zelle in Spalte auswählen	Nach-Oben / Nach-Unten
Ende-Modus: Erste / letzte nicht leere Zelle in Zeile auswählen	Nach-Links / Nach-Rechts
Ende-Modus: Spalte ab Markierung bis zur ersten / letzten nicht leeren Zelle markieren	Umschalt + Nach-Oben / Nach-Unten
Ende-Modus: Zeile ab Markierung bis zur ersten / letzten nicht leeren Zelle markieren	Umschalt + Nach-Links / Umschalt + Nach-Rechts
[2] Ein-/Ausschalten des Rollen-Modus	Rollen
Im Rollen-Modus: Fensterausschnitt ein Stück nach oben bzw. unten bewegen	Nach-Oben bzw. Nach-Unten
Im Rollen-Modus: Fensterausschnitt ein Stück nach links bzw. rechts bewegen	Nach-Links bzw. Nach-Rechts

Hinweise: [1] Ob Sie sich im Ende-Modus befinden, erkennen Sie am Text *„Modus beenden"* links unten, unterhalb der Blattregister.

[2] Ob Sie sich im Rollen-Modus befinden, erkennen Sie am Text *„Rollen"* links unten, unterhalb der Blattregister. Rollen ist auf Notebook-Tastaturen manchmal als *ScrLk* gekennzeichnet.

4.7   Zellen mit bestimmten Eigenschaften auswählen

Hinweis: Die folgenden Tastenkombinationen funktionieren nur in Verbindung mit der Zahlenreihe, nicht aber mit dem Ziffernblock!

Markieren der Matrix mit der aktiven Zelle	Strg + Umschalt + 7
Markieren aller Zellen mit Kommentaren	Strg + Umschalt + O

Markieren aller Zellen, auf die in der aktuellen Formel verwiesen wird	Alt + Umschalt + 4
Markieren aller Zellen, auf die in der aktuellen Formel direkt oder indirekt (Formel) verwiesen wird	Alt + Umschalt + 7
Markieren aller Zellen, deren Formel direkt oder indirekt auf die aktuelle Zelle verweist	Alt + Umschalt + 6
Markieren aller Zellen, deren Formel auf die aktuelle Zelle direkt verweist	Alt + Umschalt + 5
In einer markierten Zeile: Auswahl der Zelle(n), deren Inhalt nicht dem Wert der aktiven Zelle dieser Zeile entspricht	Alt + Umschalt + 8
In einer markierten Zeile: Auswahl der Zelle(n), deren Inhalt nicht dem Wert der aktiven Zelle dieser Spalte entspricht	Alt + Umschalt + 9

4.8 Zellinhalte verschieben und kopieren

Kopieren des markierten Textes oder Objekts	Strg + C
Ausschneiden des markierten Textes oder Objekts	Strg + X
Einfügen aus Zwischenablage (Text oder Objekt)	Strg + V
Rückgängigmachen der letzten Aktion	Strg + Z
Wiederholen der letzten Aktion	Strg + Y
Beim Einfügen aus der Zwischenablage das Dialogfenster *Inhalte einfügen* öffnen	Strg + Alt + V

Tipp: Wenn Sie zweimal nacheinander die Tastenkombination Strg + C drücken, wird die Office Zwischenablage geöffnet. Da diese Möglichkeit nicht standardmäßig besteht, müssen Sie sie zuerst aktivieren:

Öffnen Sie die Office-Zwischenablage und klicken Sie auf die Schaltfläche *Optionen*. Aktivieren Sie dann *Office Zwischenablage anzeigen, wenn Strg + C zweimal gedrückt wurde* (Häkchen).

4.9   Zellen formatieren

Dialogfenster *Zellen formatieren* öffnen	Strg + 1 (nicht im Ziffern-block)
Mit 2 Dezimalstellen formatieren (einschl. Tausen-derzeichen)	Strg + Umschalt + 2
Währungsformat zuweisen	Strg + Umschalt + $
Prozentformat (ohne Dezimalstellen)	Strg + Umschalt + %
Exponentialschreibweise	Strg + Umschalt + "
Standardzahlenformat	Strg + Umschalt + &
Zahl als Datum formatieren	Strg + #
Zahl mit Datum und Uhrzeit formatieren	Strg + ^
Fett	Strg + Umschalt + F
Kursiv	Strg + Umschalt + K
Unterstrichen	Strg + Umschalt + U
Durchgestrichen	Strg + 5 (nicht im Ziffern-block!)
Äußere Rahmenlinie um markierten Bereich	Strg - Umschalt + - (Bin-destrich)
Alle Rahmenlinien des markierten Bereichs löschen	Strg + Umschalt + >
Neuen Kommentar einfügen bzw. Kommentar bearbeiten	Umschalt + F2

Hinweis: In der Version 2003 lassen sich mit den Tasten Strg + # im Tabel-lenblatt die Formeln anstelle der Ergebnisse anzeigen. Seit Excel 2010 müs-sen Sie dazu die Tasten Alt + M O (nacheinander) verwenden

4.10   Formeln und Formeleingabe

Beginn einer Formel kennzeichnen	=
Dialogfenster *Funktion einfügen* öffnen	Umschalt + F3
Formeleingabe abbrechen	Esc
Abschließen der Eingabe einer Formel als Matrix-formel im markierten Bereich	Strg + Umschalt + Ein-gabe
Zwischen relativen, festen (absoluten) und ge-mischten Zellbezügen wechseln (Cursor befindet sich in der Formel unmittelbar in oder nach einem Zellbezug)	F4
Auto-Summenformel eingeben (SUMME-Funktion)	Alt + Umschalt + =
Kopieren eines Wertes aus der Zelle über der aktiven Zelle	Strg + Umschalt + , (Komma)
Kopieren einer Formel aus der Zelle über der aktiven Zelle	Strg + , (Komma)
Namen für Formel, Zelle oder markierten Bereich eingeben (*Namens-Manager* wird geöffnet)	Strg + F3
Bereichsnamen aus markierten Beschriftungen übernehmen (öffnet das Dialogfenster *Namen aus Auswahl* erstellen)	Strg + Umschalt + F3
Öffnet das Fenster *Funktionsargumente* (Cursor befindet sich in der Formel unmittelbar hinter dem Funktionsnamen)	Strg + A
Nach Eingabe des Funktionsnamens Klammern und Funktionsargumente einfügen (Cursor be-findet sich in der Formel unmittelbar hinter dem Funktionsnamen)	Strg + Umschalt + A
Formeln anstelle der Ergebnisse im Tabellenblatt anzeigen	Alt + M O (Tasten nachei-nander betätigen!)
Neu berechnen (Gesamte Arbeitsmappe)	F9
Neu berechnen (Aktuelles Arbeitsblatt)	Umschalt + F9

4.11 Diagramme

Diagramm mit den Daten des markierten Bereichs im Tabellenblatt einfügen	Alt + F1
Diagramm mit den Daten des markierten Bereichs in einem gesonderten Tabellenblatt einfügen	F11
Auswählen des vorherigen bzw. nächsten Diagrammelements	Nach-Links bzw. Nach-Rechts
Auswählen der vorherigen bzw. nächsten Elementgruppe im Diagramm	Nach-Unten bzw.- Nach-Oben

4.12 Sonstige / VBA

Pivot-Tabelle/Verknüpfung aktualisieren	Alt + F5
Tabellenbereich gruppieren (Dialogfenster *Gruppieren*)	Alt + Umschalt + Nach-Rechts
Gruppierung aufheben (Dialogfenster *Gruppierung aufheben*)	Alt + Umschalt + Nach-Links
Gliederung ein- und ausblenden	Strg + 7
Das Dialogfenster *Makro* öffnen	Alt + F8
VBA-Editor öffnen bzw. zwischen VBA-Editor und Excel Arbeitsmappe wechseln	Alt + F11
Schrittweise Ausführung (VBA-Editor)	F8
Haltepunkt ein/aus (VBA-Editor)	F9
Alle Haltepunkte löschen (VBA-Editor)	Strg + Umschalt + F9
Aktuellen Wert anzeigen (VBA-Editor)	Umschalt F9
Ausführen (VBA-Editor)	F5

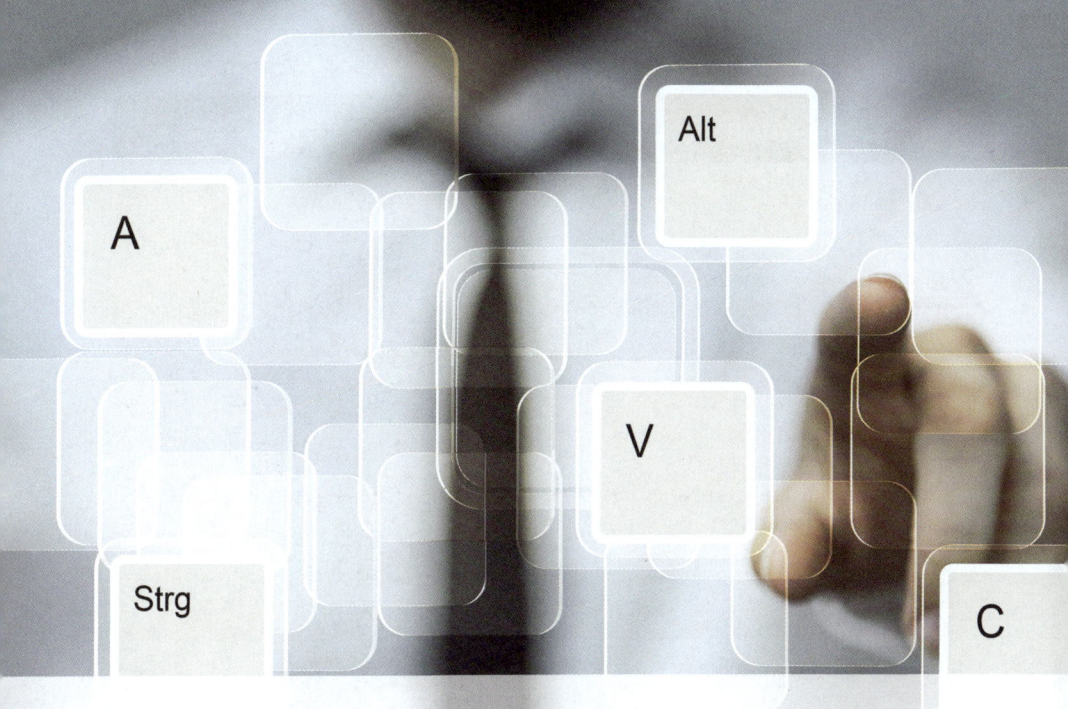

5 PowerPoint

5.1 Allgemein

Alles markieren	Strg + A
Kopieren	Strg + C
Ausschneiden	Strg + X
Einfügen	Strg + V
Format kopieren	Strg + Umschalt + C
Format einfügen	Strg + Umschalt + V
Nach Kopieren oder Ausschneiden Dialogfenster: Inhalte einfügen aufrufen	Strg + Alt + V
Suchen	Strg + F
Ersetzen	Strg + H
Aktion rückgängig machen	Strg + Z
Aktion wiederholen bzw. wiederherstellen	Strg + Y
Präsentation drucken	Strg + P
Präsentation speichern	Strg + S
Präsentation speichern unter	F12
Kontextmenü anzeigen	Umschalt + F10

5.2 Arbeitsoberfläche

PowerPoint-Hilfe aufrufen	F1
Zwischen den Bereichen der Arbeitsoberfläche wechseln	F6
In der Normalansicht: Wechsel zwischen den Fensterbereichen (gegen den Uhrzeigersinn)	Umschalt + F6
Rechtschreibprüfung starten	F7
Zwischen Normal- und Gliederungsansicht wechseln	Strg + Umschalt + Tab

Gitternetzlinien ein- bzw. ausblenden	Umschalt + F9
Führungslinien ein- bzw. ausblenden	Alt + F9
Lineal ein- bzw. ausblenden	Umschalt + Alt + F9
Makros anzeigen	Alt + F8

5.3 Präsentation erstellen

Neue Präsentation erstellen	Strg + N
Neue Folie erstellen	Strg + M
Folie oder markiertes Objekt duplizieren	Strg + D
Dialogfenster Schriftart aufrufen	Strg + T Strg + Umschalt + A
Schriftgrad vergrößern	Strg+Umschalt + Punkt
Schriftgrad verkleinern	Strg + Umschalt + Komma
Text linksbündig ausrichten	Strg + L
Text rechtsbündig ausrichten	Strg + R
Text zentriert ausrichten	Strg + E
Blocksatz	Strg + J
Text fett	Strg + Umschalt + F
Text kursiv	Strg + Umschalt + K
Text unterstrichen	Strg + U
Text tiefstellen bzw. hochstellen	Strg + Pluszeichen bzw. Strg+Umschalt+Plusz.
Alle Formatierungen löschen	Strg + Leertaste
Hyperlink einfügen	Strg + K
Wechsel von Groß- und Kleinschreibung	Umschalt + F3
Wechsel zum nächsten Titel oder Untertitel (Platzhalter)	Strg + Eingabe

Um ein Zeichen nach links bzw. rechts	Nach-Links bzw. Nach-Rechts
Um eine Zeile nach oben bzw. unten	Nach-Oben bzw. Nach-Unten
Wechseln zum Anfang bzw. Ende der Zeile	Pos1 bzw. Ende
Ein Wort nach links bzw. rechts	Strg + Nach-Links bzw. Nach-Rechts
Ein Absatz nach oben bzw. unten	Strg + Nach-Oben bzw. Nach-Unten
Wechsel zum Anfang bzw. Ende des Textfeldes	Strg + Pos1 bzw. Ende

Tipp: In PowerPoint verwenden Sie in der Regel Aufzählungen zur Darstellung von Text. Wenn Sie schnell einen Aufzählungspunkt niedriger bzw. höher stufen möchten, verwenden Sie die Tab-Taste bzw. Umschalt + Tabtaste. Wichtig ist, dass der Cursor zwischen Aufzählungszeichen und Text positioniert wird bevor Sie die Tab-Taste drücken.

5.4   In der Gliederungsansicht arbeiten

Die Gliederungsansicht wird in PowerPoint 2016 und 2013 über das Register *Ansicht*, Gruppe *Präsentationsansichten* aufgerufen. In PowerPoint 2010 wechseln Sie links im Navigationsbereich von der Anzeige der Folien auf *Gliederung*.

Verschieben markierter Absätze:	Alt + Umschalt +
nach oben	Nach-Oben
nach unten	Nach-Unten
nach links	Nach-Links
nach rechts	Nach-Rechts
Erweitern bzw. Reduzieren von Text (unterhalb einer Überschrift); nur möglich in der Gliederungsansicht	Alt + Umschalt + (Pluszeichen) bzw. (Minuszeichen)
Höher- bzw. tieferstufen eines nummerierten oder aufgezählten Absatzes	Alt + Umschalt + Nach-Links bzw. Nach-Rechts

5.5   Tabelle

Wechsel zur nächsten bzw. vorherigen Zeile	Nach-Unten bzw. Nach-Oben
Wechsel zur nächsten bzw. vorherigen Zelle	Tab bzw. Umschalt + Tab
Neue Zeile am Ende einer Tabelle einfügen	Tab (am Ende der letzten Zeile)
Tabstopp in Zelle einfügen	Strg + Tab
Absatz in Zelle einfügen	Eingabe

5.6   Bildschirmpräsentation steuern

Präsentation von Beginn an starten	F5
Präsentation ab der aktuellen Folie starten	Umschalt + F5
Nächste Folie bzw. Animation	Linke Maustaste oder Eingabe oder Nach-Rechts bzw. Bild-Ab oder Bildschirmseite nach unten N oder Leertaste
Vorherige Folie bzw. vorige Animation	Nach-Links bzw. -Oben Bild-Auf P oder Rücktaste
Zur nächsten Folie wechseln, falls ausgeblendet	H
Wechsel zu einer bestimmten Folie	Foliennummer + Einga-be-Taste
Dialogfenster: Alle Folien aufrufen	Strg + S
Anzeigen einer leeren schwarzen Folie (Mit einer beliebigen Taste wird die Präsentation fortgesetzt)	B (Black) . (Punkt)

Anzeigen einer leeren weißen Folie (Mit einer beliebigen Taste wird die Präsentation fortgesetzt)	W (White) , (Komma)
Zeiger in Stift ändern	Strg + P
Zeiger in Textmarker ändern	Strg + I
Zeiger in Pfeil ändern	Strg + A
Zeiger in Radierer ändern	Strg + E
Zeiger in Laserpointer ändern	Strg + L
Freihandmarkierungen ein- bzw. ausblenden	Strg + M
Zeichnung auf dem Bildschirm löschen	L
Taskleiste anzeigen	Strg + T
Pfeil bei Mausbewegungen ausblenden	Strg + H
Pfeil bei Mausbewegungen anzeigen	Strg + U
Wechsel zum nächsten oder ersten Hyperlink auf der Folie	Tab
Wechsel zum vorherigen oder letzten Hyperlink auf der Folie	Alt + Tab
Hyperlink anklicken wie mit Maus (wenn Hyperlink ausgewählt ist)	Eingabe
Präsentation beenden	Esc

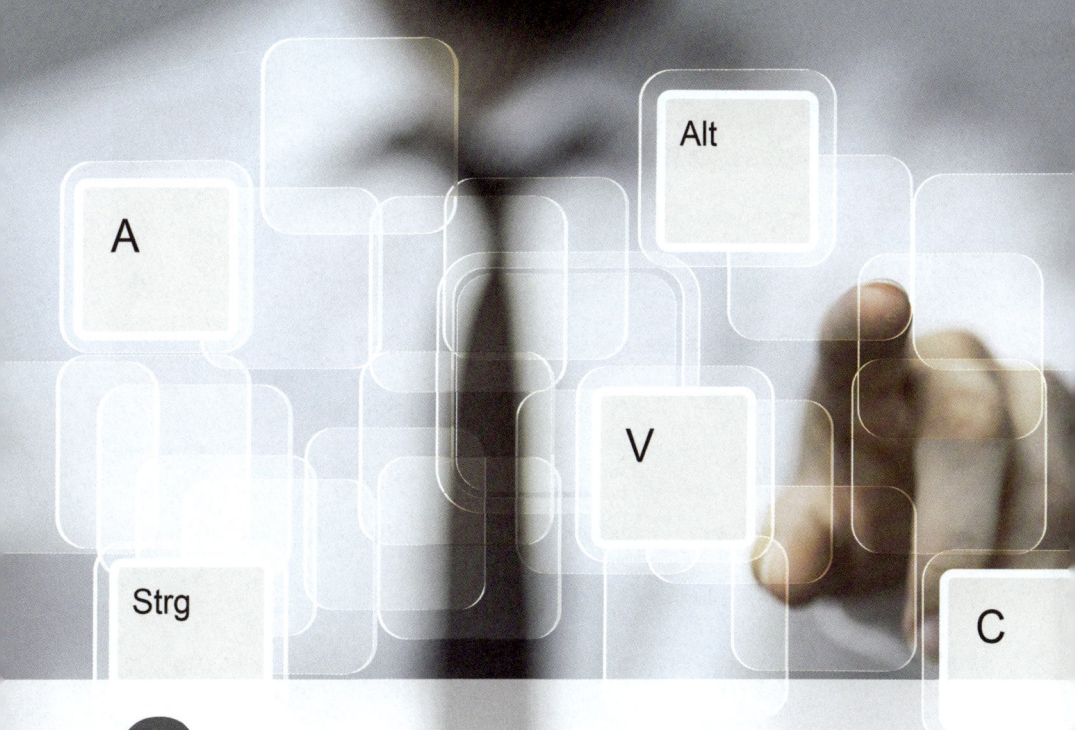

6 Outlook

6.1 Zwischen den Outlook-Modulen wechseln

Modul E-Mail anzeigen	Strg + 1
Modul Kalender anzeigen	Strg + 2
Modul Kontakte / Personen anzeigen	Strg + 3
Modul Aufgaben anzeigen	Strg + 4
Modul Notizen anzeigen	Strg + 5
Ordnerliste im Ordnerbereich anzeigen	Strg + 6
Wechsel zu den Verknüpfungen	Strg + 7
Vorherige bzw. nächste Ansicht im Outlook-Hauptfenster	Alt + Nach-Links bzw. Nach-Rechts

6.2 Erstellen von Elementen

Diese Tastenkombinationen können Sie in jedem Modul verwenden, um eines der folgenden Elemente zu erstellen:

Neue E-Mail	Strg + Umschalt + M
Neuer Termin	Strg + Umschalt + A
Neue Besprechungsanfrage	Strg + Umschalt + Q
Neuer Kontakt	Strg + Umschalt + C
Neue Kontaktgruppe	Strg + Umschalt + L
Neue Aufgabe	Strg + Umschalt + K
Aufgabe erstellen und zuweisen	Strg + Alt + Umschalt + U

Neue Notiz	Strg + Umschalt + N
Neuer Ordner	Strg + Umschalt + E
Neuer Suchordner	Strg + Umschalt + P
Neuer Journaleintrag	Strg + Umschalt + J
Neue Textnachricht (SMS)	Strg + Umschalt + T
Neues Fax	Strg + Umschalt + X

6.3   Allgemeine Befehle

Alles auswählen z. B. im Anzeigebereich alle E-Mails auswählen oder alle Kontakte etc.	Strg + A
Rückgängig	Strg + Z
Wiederholen	Strg + Y
Drucken	Strg + P
Kopieren des markierten Texts oder Elements	Strg + C
Ausschneiden des markierten Texts oder Elements	Strg + X
Einfügen aus der Zwischenablage (Text oder Element)	Strg + V
Anwendung / Fenster schließen	Alt + F4
Bei geöffneter Nachricht: Wechsel zu vorheriger bzw. nächster Nachricht	Strg + Komma bzw. Punkt
Infoleiste und Befehlmenü (wenn aufrufbar)	Strg + Umschalt + W
Speichern (nicht im Modul Aufgaben), z. B. eine E-Mail als Entwurf	Strg + S

Speichern und Schließen (nicht in E-Mails), z. B. Termin-, Kontakt- oder Aufgabenformular	Alt + S
Kopieren bzw. Verschieben eines Elements	Strg + Umschalt + Y bzw. V
Alle Ordner senden und empfangen	F9

6.4 Textformatierung

Die meisten Textformatierungen, die Sie aus den anderen Office-Anwendungen kennen (wie Word), sind auch in Outlook verfügbar, wie zum Beispiel fett, kursiv, unterstrichen. Eine Tabelle finden Sie im Kapitel „Schriftformatierung" auf Seite 28.

6.5 Befehle zur Suche von Elementen

Wechsel zur Sofortsuche	Strg + E oder F3
Suche löschen	Esc
Erweitern der Suche auf alle E-Mail-Elemente, alle Kalenderelemente oder alle Kontaktelemente, je nachdem, in welchem Modul Sie sich befinden	Strg + Alt + A
Verwenden der Erweiterten Suche	Strg + Umschalt + F
Erstellen eines Suchordners	Strg + Umschalt + P
Suchen im Dialogfeld Suchen und Ersetzen	F4
Gehen zu im Dialogfeld Suchen und Ersetzen	Strg + G
Ersetzen im Dialogfeld Suchen und Ersetzen (Textsymbole oder Formatierungen; im Lesebereich)	Strg + H

6.6   Arbeiten im Modul E-Mail

Adressbuch öffnen	Strg + Umschalt + B
Neue E-Mail erstellen (im Modul E-Mail)	Strg + N
Wechseln zu Posteingang	Strg + Umschalt + I
Wechseln zu Postausgang	Strg + Umschalt + O
Öffnen einer Nachricht im Nachrichtenfenster	Strg + O
E-Mail senden	Alt + S
Antworten auf die markierte Nachricht	Strg + R
Allen Empfängern einer Nachricht eine Antwort senden	Strg + Umschalt + R
Im Lesebereich: Anzeige der vorherigen Nachricht	Alt + Nach-Oben
Im Lesebereich: Scrollen nach unten bzw. oben	Leertaste bzw. Umschalt + Leertaste
Wechsel zur vorherigen bzw. nächsten Nachricht	Nach-Oben bzw. Nach-Unten
Reduzieren bzw. erweitern einer Gruppe (in der Liste mit Email-Nachrichten)	Nach-Rechts bzw. Nach-Links
Antworten mit Besprechungsanfrage	Strg + Alt + R
Markierte E-Mail weiterleiten	Strg + F
E-Mail als Anlage weiterleiten	Strg + Alt + F
Nachverfolgung: Markierte E-Mail zur Nachverfolgung kennzeichnen	Strg + Umschalt + G
E-Mail als gelesen markieren	Strg + Q
E-Mail als ungelesen markieren	Strg + U

Suche nach neuen E-Mails (auf dem E-Mail-Server)	Strg + M
Namen überprüfen in den Feldern An, Cc, Bcc*	Strg + K
Aufheben der Spam-Markierung für eine E-Mail	Strg + Alt + J
Zuweisen Formatvorlage Standard	Strg + Umschalt + N
In einer Nachricht: Anzeigen von externen gesperrten Inhalt	Strg + Umschalt + I
Markierte Auswahl fett formatieren*	Strg + Umschalt + F
Markierte Auswahl kursiv formatieren*	Strg + Umschalt + K
Markierte Auswahl unterstreichen*	Strg + Umschalt + U
Rechtschreibprüfung*	F7
Direktkennzeichnung zu einer ungeöffneten Nachricht hinzufügen	Einf
Öffnen der E-Mail-Info (in einer ausgewählten Nachricht)	Strg + Umschalt + W
Elementeigenschaften anzeigen (wenn ein Element ausgewählt ist)	Alt + Eingabe

* im Nachrichtenformular

Tipp: QuickSteps fassen Routinearbeitsschritte zusammen und ermöglichen eine schnelle Anwendung mit einem Mausklick. Noch schneller geht's, wenn Sie für den QuickStep eine Tastenkombination festlegen. Die QuickSteps finden Sie im Register *Start*. Einige QuickSteps sind bereits standardmäßig enthalten. Klicken Sie auf QuickSteps verwalten, wählen Sie z. B. den QuickStep *Antworten und löschen* und klicken auf *Bearbeiten*. Im Fenster unten erhalten Sie die Möglichkeit eine Tastenkombination auszuwählen.

6.7   Arbeiten im Modul Kalender

Erstellen eines Termins (im Modul Kalender)	Strg + N
Erstellen eines Termins	Strg + Umschalt + A
Erstellen einer Besprechungsanfrage	Strg + Umschalt + Q
Festlegen einer Serie (für ein geöffnetes Bespre-chungselement bzw. einen geöffneten Termin)	Strg + G
Anordnung Kalender: 1 Tag anzeigen	Alt + 1
Anordnung Kalender: 2 Tage anzeigen	Alt + 2
Anordnung Kalender: 3 Tage anzeigen	Alt + 3
Anordnung Kalender: 4 Tage anzeigen	Alt + 4
Anordnung Kalender: 5 Tage anzeigen	Alt + 5
Anordnung Kalender: 6 Tage anzeigen	Alt + 6
Anordnung Kalender: 7 Tage anzeigen	Alt + 7
Anordnung Kalender: 8 Tage anzeigen	Alt + 8
Anordnung Kalender: 9 Tage anzeigen	Alt + 9
Anordnung Kalender: 10 Tage anzeigen	Alt + 0
Bestimmtes Datum anzeigen	Strg + G
Markieren des vorherigen Termins	Umschalt + Tab
Wechseln zur Monatsansicht	Alt+Umschalt+0 (Null) oder Strg + Alt + 4
Wechseln zum nächsten Tag	Strg + Nach-Rechts
Wechseln zur nächsten Woche	Alt + Nach-Unten
Wechseln zum nächsten Monat	Alt + Bild-Ab
Wechseln zum vorherigen Tag	Strg + Nach-Links
Wechseln zur vorherigen Woche	Alt + Nach-Oben

Wechseln zum vorherigen Monat	Alt + Bild-Auf
Wechseln zum Anfang der Woche	Alt + Pos1
Wechseln zum Ende der Woche	Alt + Ende
Wechseln zur Ansicht volle Woche	Alt + (Minuszeichen) oder Strg + Alt + 3
Wechseln zur Ansicht Arbeitswoche	Strg + Alt + 2
Wechseln zum vorherigen Termin	Strg + Komma
Wechseln zum nächsten Termin	Strg + Punkt
Antworten auf eine Besprechungsanfrage (nur dem Absender antworten)	Strg + R
Antworten auf eine Besprechungsanfrage (allen Teilnehmern antworten)	Strg + Umschalt + R
Weiterleiten (Termin oder Besprechung)	Strg + F
In der Tagesansicht: Markieren der Uhrzeit, zu der der Arbeitstag beginnt bzw. endet	Pos1 bzw. Ende
Markieren des Zeitraums oben bzw. unten (im Fenster)	Bild-Auf bzw. Bild-Ab
Markieren des vorherigen bzw. nächsten Zeitraums	Nach-Oben bzw. Unten
Markierte Uhrzeit erweitern bzw. reduzieren	Umschalt + Nach-Oben bzw. Unten
In der Monatsansicht wechseln zu: ersten Tag der Woche	Pos1
gleichen Tag der Woche auf der vorherigen Seite	Bild-Auf
gleichen Tag der Woche auf der nächsten Seite	Blld-Ab

6.8   Arbeiten im Modul Kontakte / Personen

Neuer Kontakt (im Modul Kontakte)	Strg + N
Schließen eines Kontakts	Esc
Alle Kontakte auswählen	Strg + A
Eingeben eines Namens im Feld Kontakt suchen (Register Start, Gruppe Suchen)	F11
Weiterleitung markierter Kontakte per E-Mail	Strg + F
Neue Kontaktgruppe	Strg + Umschalt + L
Aktualisieren einer Liste mit Mitgliedern der Kontaktgruppe	F5
Suchen nach einem Kontakt oder Element	Strg + E
Wechseln zu denjenigen Kontakt, der als erster mit dem verwendeten Buchstaben beginnt (in Tabellen- oder Listenansicht)	Umschalt + Buchstabe
Journaleintrag erstellen (für einen ausgewählten Kontakt)	Strg + J
Zu einem anderen Ordner wechseln	Strg + Y
Öffnen des Adressbuchs	Strg + Umschalt + B
Im Kontaktformular: Sofern hinterlegt wird die E-Mail 1, 2 oder 3 angezeigt.	Alt + Umschalt + 1 oder 2 oder 3

6.9   Arbeiten im Modul Aufgaben

Neue Aufgabe (im Modul Aufgaben)	Strg + N
Erstellen einer Aufgabenanfrage	Strg + Umschalt + Alt + U
Weiterleiten einer Aufgabe (als Anlage)	Strg + F
Kennzeichen eines Elements als erledigt	Einf
Einblenden, Minimieren und Ausblenden der Aufgabenleiste	Alt + F2 (mehrmals)
Dialogfeld „Wechseln zu Ordner" öffnen	Strg + Y
Öffnen eines markierten Elements als Journaleintrag	Strg + J
Alle Elemente markieren	Strg + A
Öffnen eines Elements (markiert)	Strg + O
Drucken eines Elements (markiert)	Strg + P
Löschen eines Elements (markiert)	Strg + D

6.10   Ansicht

Ein Element öffnen	Eingabe
Zum Element wechseln, das am unten bzw. oben am Bildschirmrand angezeigt wird	Bild-Ab oder Bild-Auf
Alle Elemente markieren	Strg + A
Aktives Element auswählen oder die Auswahl aufheben	Strg + Leertaste

Wechseln zum nächsten oder vorherigen Element (ohne Erweiterung des Auswahlbereichs)	Strg-Nach-Oben oder Nach-Unten
Auswahlbereich um ein Element erweitern bzw. reduzieren	Umschalt + Nach-Oben bzw. Nach-Unten
Markieren von: vorherige Gruppe nächste Gruppe erste Gruppe letzte Gruppe (bei markierter Gruppe in Tabellenansicht)	 Nach-Oben Nach-Unten Pos1 Ende
Erweitern bzw. Reduzieren einer einzelnen markierten Gruppe	Nach-Rechts bzw. Nach-Links

6.11 Ansicht Visiten- bzw. Adresskarten

Markieren einer Karte oder Aufheben der Markierung	Strg + Leertaste
Markieren der ersten bzw. letzten Karte der Liste	Pos1 bzw. Ende
Markieren der vorherigen bzw. nächsten Karte	Nach-Oben bzw. Nach-Unten
Markieren der ersten Karte auf der nächsten bzw. aktuellen Seite	Bild-Ab bzw. Bild-Auf
Markieren der nächsten Karte (in der nächsten bzw. vorherigen Spalte)	Nach-Rechts bzw. Nach-Links
Markierung erweitern auf die erste bzw. letzte Karte der Liste	Umschalt + Pos1 bzw. Ende
Markierung erweitern auf die erste Karte der vorherigen bzw. letzten Seite	Umschalt + Bild-Auf bzw. Bild-Ab

Notizen

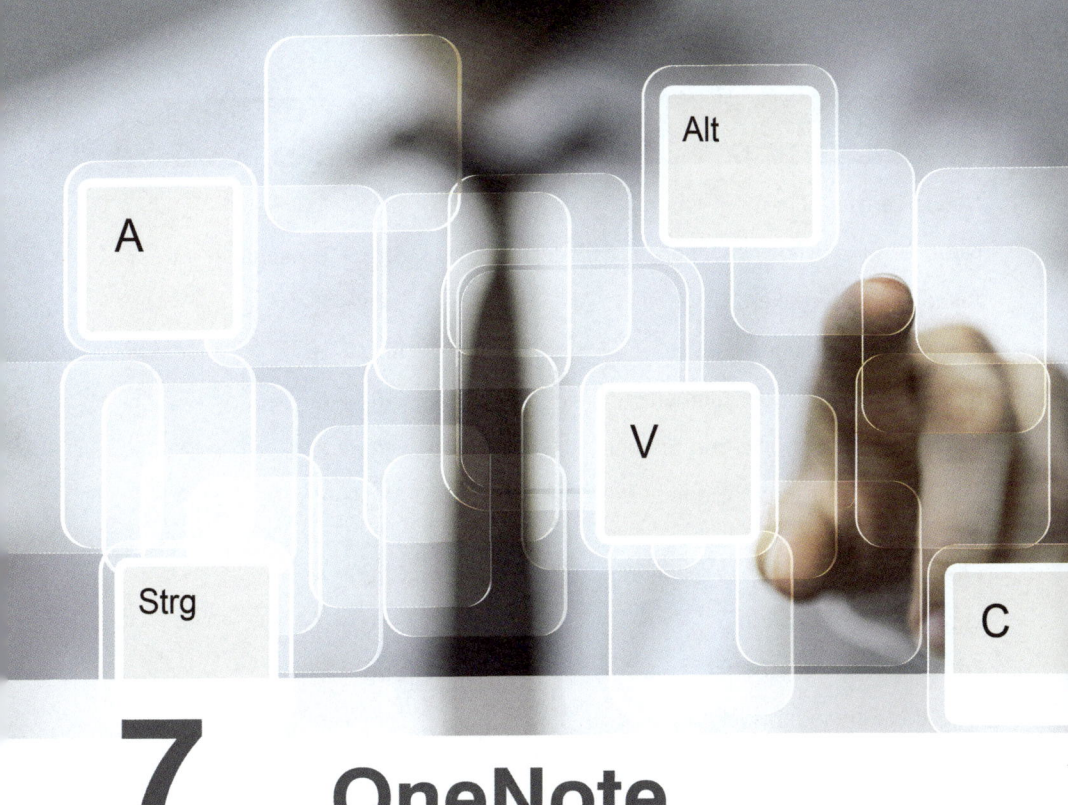

7 OneNote

7.1   Bearbeiten

Neues Fenster öffnen	Strg + M
Neue Randnotiz (kleines OneNote Fenster)	Strg + Umschalt + M
Aktuelle Seite drucken	Strg + P
Änderungen speichern	Strg + S
Kopieren von Text oder Element	Strg + C
Ausschneiden von Text und Element	Strg + X
Einfügen von Text oder Element (aus der Zwischen-ablage)	Strg + V
Alle Elemente einer Seite markieren	Strg + A
Letzte Aktion rückgängig	Strg + Z
Letzte Aktion wiederholen	Strg + Y
OneNote Fenster andocken	Strg + Alt + D
Rechtschreibkontrolle	F7
Zeilenumbruch einfügen (ohne einen neuen Absatz zu beginnen)	Umschalt + Eingabe
Kontextmenü einblenden (wenn eine Notiz, oder ein Objekt etc. aktiv ist)	Umschalt + F10
Wenn in der Informationsleiste eine Aktion vorgE-schlagen wird: diese Aktion ausführen	Strg + Umschalt + W
Thesaurus öffnen (für ein markiertes Wort)	Umschalt + F7
Um einen Buchstaben verschieben (nach links bzw. nach rechts)	Nach-Links bzw. Nach-Rechts
Um ein Wort verschieben (nach links bzw. nach rechts)	Strg + Nach-Links bzw. Nach-Rechts
Cursor zum Zeilenanfang bzw. Zeilenende	Pos1 bzw. Ende
Löschen eines Zeichens (links bzw. rechts vom Cursor)	Rückschritt bzw. Entf
Löschen eines Wortes (links bzw. rechts vom Cursor)	Strg + Rückschritt bzw. Entf

Wiedergabe starten (Audio oder Video)	Strg + Alt + P
Vor- bzw. Zurückspulen einer Audio- oder Videoaufzeichnung	Strg + Alt + Y bzw. Strg + Alt + U

7.2 Elemente einfügen

Einfügen von: Aktuelles Datum Aktuelles Datum und Uhrzeit aktuelle Uhrzeit Zeilenumbruch	Alt + Umschalt + D Alt + Umschalt + F Alt + Umschalt + T Alt + Eingabe
Dokument/Datei einfügen (auf die aktuelle Seite)	Alt + I drücken, dann Taste I alleine
Dokument/Datei einfügen (als Ausdruck auf die aktuelle Seite)	Alt + I drücken, dann Taste T alleine
Bild aus einer Datei einfügen	Alt + I drücken, dann Taste M alleine
Bildschirmausschnitt einfügen (dabei muss das OneNote-Symbol rechts außen auf der Taskleiste aktiv sein)	⊞ + S (❽❼) ⊞ + Umschalt + S (❿)
Dokumentenausdrucke ein-/ausblenden (auf der aktuellen Seite, wenn OneNote im Modus Hoher Kontrast ausgeführt wird).	Alt + Umschalt + P
Tabelle erstellen (dabei wird zu dem bereits eingegebenen Text eine 2 Spalte rechts daneben erstellt)	Tab
Einen weiteren Absatz in derselben Zelle erstellen	Alt + Eingabe
Eine weitere Zeile unter der aktuellen Zeile wird erstellt	Strg + Eingabe
Eine weitere Zeile wird erstellt (wenn sich der Cursor in der letzten Zeile einer Tabelle befindet) Hinweis: drücken Sie Eingabe ein weiteres Mal, um die Tabelle fertig zu stellen	Eingabe

Eine weitere Spalte rechts der aktuellen Spalte erstellen	Strg + Alt + R
Entfernen einer leeren Zeile am Ende der Tabelle (Cursor muss in der ersten Zelle dieser Zeile seine)	Entf

7.3 Randnotizen und Seiten

Aktivieren/Deaktivieren der Ganzseitenansicht	F11
Zum nächsten Notizencontainer	Alt + Nach-Unten
Vergrößern bzw. Verkleinern	Alt + Strg + (Pluszeichen) bzw. (Minuszeichen)
Cursor hin zum Seitentitel verschieben	Strg + Umschalt + T
Neue Seite unter dem aktuellen Seitenregister erstellen	Strg + Alt + N
Neue Seite hinzufügen (am Ende des markierten Anschnitts)	Strg + N
Neue Unterseite erstellen (unter die aktuelle Seite)	Strg + Umschalt + Alt + N
Um ein Zeichen nach links bzw. rechts	Nach-Links bzw. Rechts
Zum Zeilenanfang bzw. -ende	Pos1 bzw. Ende
Zum nächsten bzw. vorherigen Absatz	Strg + Nach-Unten bzw. Strg + Nach-Oben
Nach oben bzw. unten in der aktuellen Seite	Bild-Auf bzw. Bild-Ab
Zum Anfang bzw. Ende der aktuellen Seite	Strg + Pos1 bzw. Strg + Ende
Wechsel zur ersten/letzten Seite der aktuellen Gruppe im Seitenregister	Alt + Bild-Auf bzw. Alt + Bild-Ab
Zur zuletzt besuchten Seite bzw. Seite, die als nächstes besucht werden soll	Alt + Nach-Links bzw. Nach-Rechts
Markierte Seitenregister nach oben bzw. unten verschieben	Alt + Umschalt + Nach-Oben bzw. Nach-Unten

7.4 Formatierung und Markierung

Die Formatierungen und Markierungen, die Sie in OneNote verwenden können, entsprechen denen in Word (wie für kursiv, fett, Formatvorlagen etc.). Diese können Sie im Kapitel „Schriftformatierung" auf Seite 28 nachschlagen.

In der folgenden Tabelle werden deshalb nur noch spezielle Kombinationen erwähnt.

Text gelb hervorheben (der vorher markiert wurde)	Strg + Umschalt + H oder Strg + Alt + H
Die Standardformatvorlage für die aktuelle Notiz verwenden	Strg + Umschalt + N
Hilfslinien ein-/ausblenden	Strg + Umschalt + R
Notiz oder Objekt löschen (müssen markiert sein)	Entf

7.5 Gliederung

Vergrößern bzw. Verkleinern des Einzugs (um eine Ebene)	Tab bzw. Umschalt + Tab
Bis Ebene 1 anzeigen	Alt + Umschalt + 1
Erweitern bis Ebene 2 bis 9	Alt + Umschalt + 2 bis + 9
Alle Ebenen erweitern	Alt + Umschalt + 0
Gliederung erweitern bzw. reduzieren	Alt + Umschalt + (Pluszeichen) bzw. Alt + Umschalt + (Minuszeichen)

7.6 Abschnitte und Notizbücher

Notizbuch öffnen	Strg + O
Zu einem anderen Notizbuch wechseln (auf der Navigationsleiste) Hinweis: Strg + G, danach Nach-Unten bzw. Nach-Oben verwenden, um das Notizbuch zu wechseln; dann Eingabe zum Auswählen drücken	Strg + G
Abschnitt öffnen	Strg + Alt + Umschalt + O
Neuer Abschnitt	Strg + T
Aktuelle Seite verschieben oder kopieren (Dialogfenster öffnet sich)	Strg + Alt + M
Zum nächsten bzw. vorherigen Abschnitt wechseln	Strg + Tab bzw. Strg + Umschalt + Tab
Zur ersten bzw. letzten Seite wechseln (im Abschnitt)	Alt + Pos1 bzw. Alt + Ende
Zur nächsten bzw. vorherigen Seite wechseln (im Abschnitt)	Strg + Bild-Ab bzw. Strg + Bild-Auf
Seitenregister: darauf den Fokus setzen	Strg + Alt + G
Fokus auf den aktuelle Abschnittsregister setzen	Strg + Umschalt + G

7.7 Kategorien

Mit den folgenden Kombinationen können Sie die jeweiligen aufgelisteten Kategorien Anwenden und auch Entfernen (außer Strg + 0, das nur für das Entfernen verwendet wird).

(Nur) das Entfernen aller Notizkategorien (aus der markierten Notiz)	Strg + 0
Kategorie Aufgaben	Strg + 1
Kategorie Wichtig	Strg + 2
Kategorie Frage	Strg + 3

Kategorie Für später vormerken	Strg + 4
Kategorie Definition	Strg + 5
Benutzerdefinierte Kategorie	Strg + 6 bis Strg + 9

7.8   Suchen

Aktuelle Seite durchsuchen	Strg + F
Alle Notizen durchsuchen	Strg + E
Suche beenden	Esc
Suchergebnisbereich öffnen (nach dem Suchvorgang)	Alt + O
Wechsel zum vorherigen bzw. nächsten Ergebnis (wenn die aktuelle Seite durchsucht wird)	F3 bzw. Umschalt + F3
Vorschau des nächsten Ergebnisses anzeigen (wenn alle Notizbücher durchsucht werden)	Nach-Unten
Zum ausgewählten Ergebnis wechseln (wenn alle Notizbücher durchsucht werden) und beenden der Suche	Eingabe

7.9   Freigeben

Sie können Ihre Notizen auch an für andere Benutzer oder auch Programme freigeben.

Aus der aktuellen Notiz eine Outlook Aufgabe erstellen:	STR + Umschalt +
	5
Aufgabe Typ Kein Datum	1
Aufgabe Typ Heute	2
Aufgabe Typ Morgen	3
Aufgabe Typ Diese Woche	4
Aufgabe Typ Nächste Woche	

Ausgewählte Outlook-Aufgabe öffnen	Strg + Umschalt + K
Ausgewählte Outlook-Aufgabe löschen	Strg + Umschalt + 0
Ausgewählte Outlook-Aufgabe als erledigt markieren	Strg + Umschalt + 9
Ausgewählte Seiten als Email versenden	Strg + Umschalt + E
Aktuelle Seite als ungelesen markieren	Strg + Q
Änderungen in allen freigegebenen Notizbüchern synchronisieren	F9
Änderungen im aktuellen freigegebenen Notizbuch synchronisieren	Umschalt + F9

Notizen

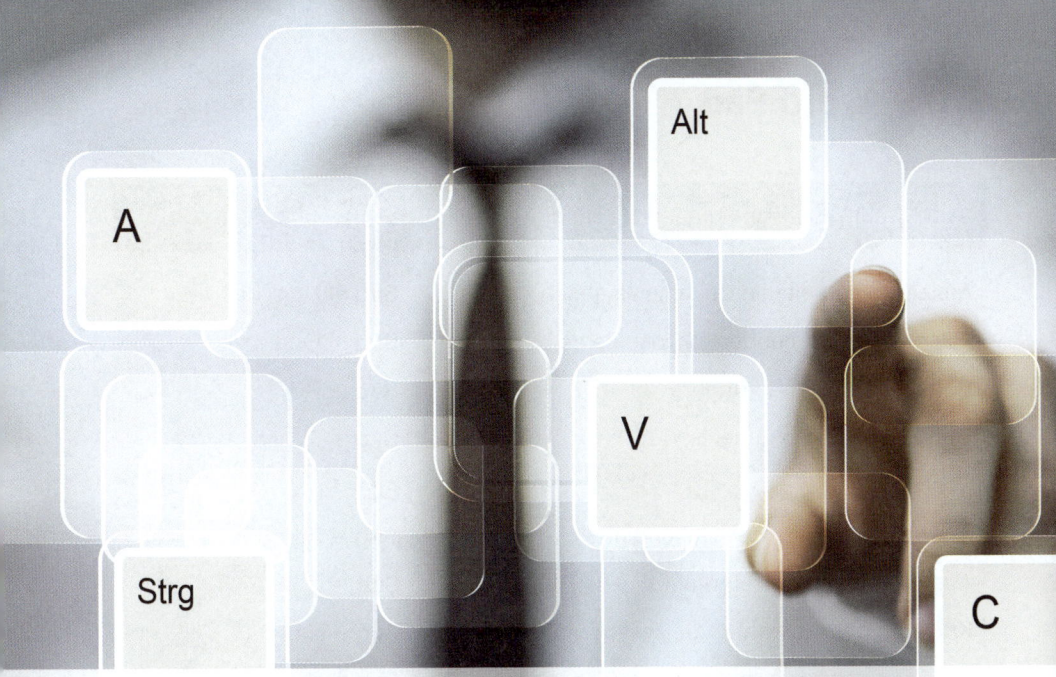

8 Windows Zubehör

- WordPad
- Rechner
- Paint
- MediaPlayer

8.1 Word Pad

Allgemein

Erstellen eines neuen Dokuments	Strg + N
Öffnen eines vorhandenen Dokuments	Strg + O
Speichern von Änderungen	Strg + S
Drucken eines Dokuments	Strg + P
Schließen	Alt + F4
Auswählen des ganzen Dokuments	Strg + A
Ausschneiden einer Auswahl	Strg + X
Kopieren der Auswahl in die Zwischenablage	Strg + C
Einfügen der Auswahl aus der Zwischenablage	Strg + V
Letzte Aktion rückgängig	Strg + Z
Wiederholen der Änderung	Strg + Y

Formatierungen

Ausgewählter Text wird fett	Strg + B
Ausgewählter Text wird kursiv	Strg + I
Ausgewählter Text wird unterstrichen	Strg + U
Ausgewählter Text wird tiefgestellt	Strg + (Pluszeichen)
Ausgewählter Text wird hochgestellt	Strg + Umschalt + (Plus-zeichen)
Text wird linksbündig ausgerichtet	Strg + L
Text wird zentriert	Strg + E
Text wird rechtsbündig ausgerichtet	Strg + R
Text wird als Blocksatz ausgerichtet	Strg + J

Zeilenabstand eine Zeile	Strg + 1
Zeilenabstand zwei Zeilen	Strg + 2
Zeilenabstand 1,5	Strg + 5
Alle Zeichen werden groß gEschrieben	Strg + Umschalt + A
Ändern der Aufzählungszeichen	Strg + Umschalt + L
Cursor um ein Wort nach links bewegen	Strg + Nach-Links
Cursor um ein Wort nach rechts bewegen	Strg + Nach-Rechts
Cursor um ein Zeile nach oben	Strg + Nach-Oben
Cursor um ein Zeile nach unten	Strg + Nach-Unten
Zum Dokumentanfang	Strg + Pos1
Zum Dokumentende	Strg + Ende
Wechseln um eine Seite nach oben	Strg + Bild-Auf
Wechseln um eine Seite nach oben	Strg + Bild-Ab
Löschen des nächsten Wortes	Strg + Entf

Sonstige

Öffnen der WordPad-Hilfe	F1
Suchen im Text	Strg + F
Einfügen einer Paint-Zeichnung	Strg + D
Ersetzen von Text	Strg + H
Anzeigen von KeyTips	F10
Anzeigen des aktuellen Kontextmenüs	Umschalt + F10

8.2 Rechner

Allgemein

Standardmodus	Alt + 1
Wissenschaftlicher Modus	Alt + 2
Programmiermodus	Alt + 3
Statistikmodus ❽ ❼	Alt + 4
Öffnen der Einheitenumrechnung ❽ ❼	Strg + U
Ein-/Ausschalten des Berechnungsverlaufs	Strg + H
Öffnen der Datumsberechnungen ❽ ❼	Strg + E
Berechnen/Lösen von Datumsberechnungen und Arbeitsblättern ❽ ❼	Alt + C
Öffnen der Rechner-Hilfe	F1

Schaltflächen

Verwenden der Schaltfläche M-	Strg + Q
Verwenden der Schaltfläche M +	Strg + P
Verwenden der Schaltfläche MS	Strg + M
Verwenden der Schaltfläche MR	Strg + R
Verwenden der Schaltfläche MC	Strg + L
Verwenden der Schaltfläche %	% (Umschalt + 5)
Verwenden der Schaltfläche + /-	F9
Verwenden der Schaltfläche / (geteilt)	/ (Umschalt + 7)
Verwenden der Schaltfläche * (mal)	* (Umschalt + Plus)
Verwenden der Schaltfläche +	+
Verwenden der Schaltfläche -	-

Verwenden der Schaltfläche 1/x	R
Verwenden der Wurzelschaltfläche	@ (AltGr + Q)
Verwenden der Zahlenschaltflächen (0-9)	0-9
Verwenden der Schaltfläche =	= (Umschalt + 0 Null)
Verwenden der Schaltfläche , (Dezimaltrennzeichen)	, (Komma)
Verwenden der Schaltfläche für die Rücktaste	Rücktaste
Verwenden der Schaltfläche C	Esc
Verwenden der Schaltfläche CE	Entf

Berechnungsverlauf

Einblenden des Berechnungsverlaufs	Strg + H
Löschen des Berechnungsverlaufs	Strg + Umschalt + D
Navigation nach unten im Berechnungsverlauf	Nach-Unten
Navigation nach oben im Berechnungsverlauf	Nach-Oben
Abbrechen der Bearbeitung des Berechnungsverlaufs	Esc
Neuberechnen des Berechnungsverlaufs nach der Bearbeitung	Eingabe

Im wissenschaftlichen Modus

Auswählen von Deg	F3
Auswählen von Rad	F4
Auswählen von Grad	F5
Verwenden der Schaltfläche Inv ❽ ❼	I
Verwenden der Schaltfläche Mod ❽ ❼	D
Verwenden der Schaltfläche sinh	Strg + S

Verwenden der Schaltfläche cosh	Strg + O
Verwenden der Schaltfläche tanh	Strg + T
Verwenden der Schaltfläche (	(Umschalt + 8
Verwenden der Schaltfläche)	) Umschalt + 9
Verwenden der Schaltfläche ln	N
Verwenden der Schaltfläche Int ❽ ❼	; Umschalt + Komma
Verwenden der Schaltfläche sin	S
Verwenden der Schaltfläche cos	O
Verwenden der Schaltfläche tan	T
Verwenden der Schaltfläche dms	M
Verwenden der Pi-Schaltfläche	P
Verwenden der Schaltfläche F-E	V
Verwenden der Schaltfläche Exp	X
Verwenden der Schaltfläche x^2	Q
Verwenden der Schaltfläche x^y	Y
Verwenden der Schaltfläche x^3	#
Verwenden der Schaltfläche log	L
Verwenden der Schaltfläche n!	! Umschalt + 1
Verwenden der Schaltfläche y√x	Strg + Y
Verwenden der Schaltfläche 3√x ❽ ❼	Strg + B
Verwenden der Schaltfläche 10x	Strg + G

Im Programmiermodus

Auswählen von Hex	F5
Auswählen von Dez	F6
Auswählen von Okt	F7
Auswählen von Bin	F8

Auswählen von Qword	F12
Auswählen von Dword	F2
Auswählen von Word	F3
Auswählen von Byte	F4
Verwenden der Schaltfläche RoR	K
Verwenden der Schaltfläche RoL	J
Verwenden der Schaltfläche Lsh	<
Verwenden der Schaltfläche Rsh	> Umschalt + <
Verwenden der Schaltfläche Mod	% Umschalt + 5
Verwenden der Schaltfläche (	(Umschalt + 8
Verwenden der Schaltfläche)	) Umschalt + 9
Verwenden der Schaltfläche Or	| AltGr + <
Verwenden der Schaltfläche Xor	^
Verwenden der Schaltfläche Not	~ AltGr + Plus
Verwenden der Schaltfläche And	& Umschalt + 6
Umschalten des Bitwerts im Programmiermodus	Leertaste
Verwenden der Schaltflächen A-F (vorher: Auswahl von Hex)	A-F

Im Statistikmodus

Verwenden der Mittelwertschaltfläche ❽ ❼	A
Verwenden der Schaltfläche für den Mittelwert der Quadrate ❽ ❼	Strg + A
Verwenden der Summenschaltfläche ❽ ❼	S
Verwenden der Schaltfläche für die Summe der Quadrate	Strg + S
Verwenden der Schaltfläche n-1 ❽ ❼	Strg + T
Verwenden der Schaltfläche n ❽ ❼	T
Verwenden der Schaltfläche CAD ❽ ❼	D

8.3   Paint

Bearbeiten	
Öffnen eines vorhandenen Bildes	Strg + O
Erstellen eines neuen Bildes	Strg + N
Speichern von Änderungen	Strg + S
Speichern des Bildes als neue Datei	F12
Drucken eines Bildes	Strg + P
Schließen eines Bildes (und des dazugehörigen Fensters in Paint)	Alt + F4
Auswählen des gesamten Bildes	Strg + A
Aufheben einer Auswahl	Esc
Löschen einer Auswahl	Entf
Ausschneiden einer Auswahl	Strg + X
Kopieren einer Auswahl in die Zwischenablage	Strg + C
Einfügen einer Auswahl aus der Zwischenablage	Strg + V
Rückgängigmachen einer Änderung	Strg + Z
Wiederholen einer Änderung	Strg + Y
Verschieben der Auswahl oder aktiven Form nach rechts	Nach-Rechts
Verschieben der Auswahl oder aktiven Form nach links	Nach-Links
Verschieben der Auswahl oder aktiven Form nach oben	Nach-Oben
Verschieben der Auswahl oder aktiven Form nach unten	Nach-Unten
Ausgewählter Text wird fett	Strg + B
Ausgewählter Text wird kursiv	Strg + I
Ausgewählter Text wird unterstrichen	Strg + U

Vergrößern	Strg + Bild-Auf
Verkleinern	Strg + Bild-Ab
Anzeigen des Bildes in Vollbildmodus	F11
Ein- und Ausblenden von Gitternetzlinien	Strg + G
Ein- und Ausblenden des Lineals	Strg + R

Sonstige

Öffnen des Dialogfensters Bildeigenschaften	Strg + E
Öffnen des Dialogfensters Größe ändern / zerren	Strg + W
Öffnen der Paint-Hilfe	F1
Anzeigen von KeyTips	F10 oder Alt
Anzeigen des aktuellen Kontextmenüs	Umschalt + F10

8.4   Windows Media Player

Wiedergabe

Anzeige des Dialogfensters öffnen	Strg + O
Starten/Anhalten einer Wiedergabe	Strg + P
Beenden einer Wiedergabe	Strg + S
Wiederholung aktivieren/deaktivieren	Strg + T
Wiedergabe einer Mediendatei schließen/beenden	Strg + W
Rücklauf starten/anhalten	Strg + Umschalt + B
Ein-/Ausschalten von Untertiteln (falls vorhanden)	Strg + Umschalt + C
Schneller Vorlauf starten/anhalten	Strg + Umschalt + F
Wiedergabe normale GEschwindigkeit	Strg + Umschalt + N

Wiedergabe schnelle GEschwindigkeit	Strg + Umschalt + G
Wiedergabe langsame GEschwindigkeit	Strg + Umschalt + S
Direkt im Mediaplayer: Lautstärke vergrößern	F9
Lautstärke verringern	F8
Stummschalten	F7
Zufällige Wiedergabe ein-/ausschalten	Strg + H
CD/DVD auswerfen	Strg + J

Ansicht

Ansicht Bibliothek	Strg + 1
Ansicht Design	Strg + 2
Ansicht Aktuelle Wiedergabe	Strg + 3
Videodarstellungsgröße auf 50% ändern	Alt + 1
Videodarstellungsgröße auf 100% ändern	Alt + 2
Videodarstellungsgröße auf 200% ändern	Alt + 3
Ein-/Ausschalten des Vollbildmodus	Alt + Eingabe
Letzte Ansichten schrittweise vorwärts	Alt + Nach-Rechts
Letzte Ansichten schrittweise rückwärts	Alt + Nach-Links
Im Detailbereich: Wechsel der Ansicht von Elementen	F4
Albumcover vergrößern	F6
Albumcover verkleinern	Umschalt + F6
Einblenden der Menüleiste (in der Player-Bibliothek)	F10
Anzeigen des Kontextmenüs (bei ausgewähltem Element)	Umschalt + F10
Bewegen des Cursors in das Suchfeld (Player-Bibliothek) ❼	Strg + E
Ein-/Ausblenden der Menüleiste (Player-Bibliothek)	Strg + M

Wiedergabelisten

Neue Wiedergabeliste erstellen	Strg + N
Hinzufügen zur Wiedergabeliste	Strg + 7 ❼
Vorherige Wiedergabeliste/Wiedergabe	Strg + Nach-Links
Nächste Wiedergabeliste/Wiedergabe	Strg + Nach-Rechts
Hinzufügen zur Brennliste	Strg + 8 ❼
Hinzufügen zur Synchronisierungsliste	Strg + 9 ❼
Auswählen aller Elemente in der Liste	Strg + A
Vorheriges Element (in Kapitel oder Liste)	Strg + B
Nächstes Element (in Kapitel oder Liste)	Strg + F
Anzeige der Hilfe	F1
Medieninformationen bearbeiten (bei einem ausgewählten Element in der Player-Bibliothek)	F2

Notizen

Index

Index

Index